DR. GABRIELE NIEPEL • SO WIRD MEIN HUND ZUM FREUND

Aufgrund der besseren Lesbarkeit habe ich personale Begriffe nur in ihrer männlichen Form benutzt.
Bei der Bildauswahl ging es allein um die Ausdrucksstärke der Bilder im Hinblick auf den Inhalt. Dass die Abbildung von Rassehunden dominiert, ist keinesfalls so angestrebt worden, sondern beruht allein auf der Verfügbarkeit geeigneter Bilder und soll keinesfalls Mischlingshunde diskriminieren!
Ich danke allen Hundefreunden, die mir gerne ihre Fotos zur Verfügung gestellt haben, und all den Hundeleuten und ihren Hunden aus meinen Kursen, die sich ebenfalls so bereitwillig von mir haben fotografieren lassen.

Haftungsausschluss

Alle Ratschläge und Angaben in diesem Buch beruhen auf meinen bisherigen praktischen Erfahrungen mit Hunderten von Hunden, dem Lesen verfügbarer Fachliteratur und dem Erfahrungsaustausch mit Kollegen. Sie geben mein derzeit aktuelles Wissen wieder. Da sich Wissen aber laufend weiterentwickelt und vergrößert, sollte sich natürlich jeder Leser vergewissern, ob die hier erteilten Ratschläge und Informationen nicht durch neuere Erkenntnisse überholt worden sind.
Die Haftung der Autorin, des Verlags sowie seiner Vertreter für Sach-, Vermögens- und Personenschäden ist ausgeschlossen.

Fotos: Dr. Gabriele Niepel
Lektorat: Rosemarie Wild

ISBN 3-275-01357-2

Grafische Gestaltung: Iren Rohrer, CH-6417 Sattel
Druck: Maisch + Queck, D-70839 Gerlingen
Bindung: Karl Dieringer, D-70839 Gerlingen
Printed in Germany

RATGEBER RUND UM DEN HUND

Dr. Gabriele Niepel

So wird mein Hund zum Freund

Sinnvolle Beschäftigung mit dem Familienhund im Alltag

Müller Rüschlikon

Während der Großteil der Hundehalter sich wenig Gedanken darüber macht, ob ihr Hund eigentlich artgerecht gehalten wird und ein erfülltes Leben führt, gibt es aber auch Menschen, die sich mehr Gedanken über ihren Umgang mit dem Hund machen. Diese sind sich bewusst, dass auch ein Hund nicht nur herumliegen möchte, sondern Beschäftigung braucht.

Drei zentrale Argumente sprechen für eine gezielte, auf die Bedürfnisse des individuellen Hundes zugeschnittene gemeinsame Beschäftigung: Erstens ist es eine Frage des Tierschutzes: Hunde ohne Beschäftigung als bloße Anschau- oder Streichelobjekte dahinvegetieren zu lassen, ist Tierquälerei – dies muss in aller Härte so formuliert werden. Zweitens wird die Bindung zwischen Mensch und Hund und damit auch die Basis für erzieherische Bemühungen durch gemeinsames Tun enorm gefördert. Drittens schließlich entwickeln unterforderte Hunde sehr häufig problematische Verhaltensweisen, die zur Belastung für sie selbst, für ihre Halter und/ oder für ihre Umwelt werden.

An der Notwendigkeit einer freudevollen gemeinsamen Beschäftigung mit dem Hund, die über bloßes Ballwerfen hinausgeht, kann also nicht gezweifelt werden.

Die Frage ist nur: Wie können Hunde sinnvoll beschäftigt werden, so dass alle Beteiligten ihren Spaß haben?

Dieses kleine Buch möchte Ihnen Anregungen geben, wie Sie Ihrem Hund ein interessanteres Leben bieten könnten. Dabei wird das, was man gemeinhin unter »Hundesport« versteht, in diesem Buch einen kleineren Stellenwert einnehmen. Daher möchte ich Ihnen Ideen zeigen, wie Sie sich individuell mit Ihrem Hund beschäftigen können. Es handelt sich dabei um Anregungen, die jeder Halter eines »einfachen Familienhundes« umsetzen kann, ohne auf Anweisungen von Trainern angewiesen zu sein und sich eine große Menge an speziellem Zubehör anschaffen zu müssen. Für viele der beschriebenen Beschäftigungsmöglichkeiten brauchen Sie keinerlei Zubehör, bei einigen genügt die Umwandlung von in der Regel sowieso vorhandenen Haushaltsgegenständen. Dann gibt es da noch einige Ideen, wie Sie sich z.B. mit der Anschaffung von Kindergartenzubehör variable Abenteuerparcours für Ihren Hund zusammenstellen können.

Doch bevor ich Ihnen diese potentiellen Beschäftigungsmöglichkeiten schildere, möchte ich zunächst noch auf eine Thematik eingehen, die man bei der Frage der sinnvollen Beschäftigung seines Hundes nicht vernachlässigen kann: die Frage nach den rassespezifischen Besonderheiten. Hunde unterscheiden sich nicht nur in ihrem Aussehen und damit in ihrer körperlichen Konstitution, von der natürlich die Möglichkeit der hier beschriebenen Beschäftigungsformen auch abhängig ist. Sie unterscheiden sich aufgrund ihrer Zucht auf bestimmte Arbeitsaufgaben hin auch in ihrem Charakter. Und das bedeutet: Es gibt erhebliche Unterschiede zwischen den Rassen/Mischlingshunden hinsichtlich ihres allgemeinen Beschäftigungsdranges, ihrer Auffassungsgabe, ihrer Neigung, etwas mit dem Menschen zusammen zu tun, und ihren »Lieblingsbeschäftigungen«.

Natürlich kann ich in diesem kleinen Buch nicht zu jeder Rasse oder denkbaren Mischung aufzeigen, welche Form der Beschäftigung für diese am angemessensten ist. Doch über die Beschreibung der Neigungen von Rasse(mix)-Gruppen werden Sie einen ersten Einblick darin bekommen, wozu Ihr Hund vielleicht tendieren könnte (aber auch, auf welche Schwierigkeiten Sie bei Ihren Beschäftigungsversuchen stoßen könnten).

Zum Abschluss des Buches werde ich Ihnen einen kleinen Überblick über die heute verbreitetsten Hundesportarten geben und dabei auch darauf eingehen, wie Sie gute Vereine/Hundeschulen von schlechten unterscheiden können.

Ein glückliches Team. Foto: Niepel

1. Unsere Familienhunde – unterfordert?

Unsere Hunde – zum Arbeiten geboren

Der langweilige Alltag vieler Familienhunde

Haben Sie sich schon einmal die Frage gestellt, ob Ihr Hund eigentlich ein erfülltes Leben führt? Da Sie sich für dieses Buch interessieren, werden Sie zu den wenigen Hundehaltern gehören, die sich fragen, ob ihr Hund sich nicht vielleicht langweilt und wie sie ihm mehr Freude bereiten könnten.

Die meisten unserer heutigen Haushunde dämmern in einem Zustand der Beschäftigungslosigkeit und Langeweile vor sich hin. Wenn sie Glück haben, werden sie zwei- bis dreimal täglich zu einem Spaziergang ausgeführt, wobei selbst den viele Hunde nur an der Leine »genießen« dürfen. Meist werden Tag für Tag die gleichen Strecken abgegangen, wo es nichts Neues mehr zu entdecken gibt. Der Hund läuft vor sich hin, der Halter meist entweder in Gedanken versunken hinterher oder ständig den Horizont absuchend, ob irgendein Reizobjekt auftaucht, das den Hund zum Durchstarten veranlassen könnte. Vielleicht hat der Hund noch Glück und bekommt einen Ball geworfen. Das ist aber schon alles an gemeinsamer Aktion mit dem Besitzer.

Je nach Gemütsverfassung von Hund und Halter bekommt der

Hund Gelegenheit zum Kontakt mit seinen Artgenossen. Viele Hunde »kennen« ihresgleichen nur durch Blickkontakt aus der Ferne oder zaghafte Kurzbeschnüffelungen an der Leine. Vielleicht haben sie noch so viel Glück, dass ihr Besitzer sich regelmäßig mit einigen anderen Hundebesitzern trifft, sodass zumindest dann gemeinsames Spiel unter Hunden angesagt ist.

Zwischen den Spaziergängen liegt der Hund zu Hause herum und wartet auf die Rückkehr seiner berufstätigen Besitzer. Wenn Kinder mit im Haushalt leben, gibt es in der Regel mehr Aufregendes zu erleben, da Kinder eher mit dem Hund spielen als Erwachsene. Diese Spielchen gefallen aber nicht immer unbedingt auch dem Hund – man denke nur an die allseits beliebten Reiterspiele, bei denen größere Hunde gerne als Miniponys benutzt werden.

Eine Reihe von Hundehaltern spielt

Mir ist ja sooo langweilig. Foto: Niepel

in der Wohnung auch mal kurz mit dem Hund, wobei sich diese Spiele meist auf das Wegwerfen von Bällen und Quietschgegenständen oder auf das gemeinsame Zerren an Stoffknoten, Socken und Beißwürsten beschränken.
Geht man als Hundebesitzer abends noch aus, z.B. Freunde besuchen oder zum Essen in ein Restaurant, bleibt der Hund meist zu Hause, weil es so bequemer ist.

kurz und bündig

Die meisten Hunde führen kein hundegerechtes Leben – nur fällt das den wenigsten Hundebesitzern auf.
Das Problem unserer heute üblichen Hundehaltung: Wir beschäftigen unsere Hunde zu wenig.

Ein tolles Hundeleben?

Viele Menschen sind ehrlich davon überzeugt, dass es ihrem Hund richtig gut geht. Unsere Familienhunde leben in der Regel mit uns im Haus, nicht selten teilen wir sogar unser Bett mit ihnen. Sie genießen optimale tierärztliche Versorgung. Sie bekommen keine Essensreste, sondern spezielles Futter, das nach ernährungsphysiologischen Erkenntnissen hergestellt wird. Die Auswahl an verführerischen Leckerchen für die kleine Mahlzeit zwischendurch ist riesengroß, Gleiches gilt für das Sortiment an speziellem Hundespielzeug. Sie werden mit Halsbändern im Luxusdesign geschmückt und ruhen auf speziellen »Hundewolken«. Wir geben sehr viel Geld für sie aus – nicht nur für Futter, Zubehör und Tierarzt, sondern auch noch für Hundesteuer und Haftpflichtversicherung. Also alles bestens? Nein – denn etwas Entscheidendes fehlt dem Hund: die Möglichkeit, sich mit etwas sinnvoll zu beschäftigen.

Nur schön zum Anschauen? – von wegen!

Wir »nutzen« unsere Hunde in der Regel allein als Sozialpartner und vergessen dabei, dass sie ursprünglich zu ganz bestimmten Arbeitsaufgaben gezüchtet worden sind.
Zwar geht man heute davon aus, dass unsere Vorfahren den Wolf nicht allein zum Zwecke des Arbeitseinsatzes als Jagdhelfer, Wächter und Müllbeseitiger domestiziert haben. Aber im Vordergrund stand über Jahrtausende hinweg die Erkenntnis, welche überragenden Fähigkeiten Hunde besitzen, und wie der Mensch sich diese zunutze machen kann.

Die kurzen Beine des Dackels entsprangen nicht der kranken Phantasie irgendeines Spinners, sondern der Erkenntnis, dass es sich in Fuchsbauten schneller läuft, wenn man als Hund kurze Beine hat.

Die weiße Farbe vieler Herdenschutzhunde wie z.B. des Kuvaszs begründet sich nicht auf einem Weißfetischismus der ersten Züchter, sondern auf der Tatsache, dass weiße Hunde unter weißen Schafen potentiellen tierischen Angreifern der Herde nicht so auffallen, und dass die Schafe ihrerseits weiße Hunde eher als »ihresgleichen« akzeptieren und keine Angst haben.

Der Körperbau der Hütehunde wie z.B. eines Australian Shephards basiert auf den Anforderungen an einen Hund, der tagtäglich bei jedem Wetter agil, wendig, schnell seine Herde zu hüten und zu treiben hat – ein 60-Kilohund wäre dafür unangemessen.

Umgekehrt wäre ein zarter Rehpinscher wohl kaum der geeignete Hund, um Haus und Hof gegen Eindringlinge aktiv zu beschützen. Wenn wir uns heute für die Anschaffung eines Hundes entscheiden, spielen aber optische Gesichtspunkte eine ganz ausschlaggebende Rolle.

kurz und bündig

Hunde sind über Jahrtausende nicht gezüchtet worden, um ein gewünschtes »ästhetisches« Bild des Hundes zu erreichen, sondern zur Erfüllung spezifischer Arbeitsaufgaben. Das optische Erscheinungsbild war die Folge der Arbeitsaufgabe, für die bestimmte Hundetypen gedacht waren.

kurz und bündig

Weil die meisten Menschen sich bei der Anschaffung eines Hundes allein an optischen Kriterien anstatt an Wesens- und Verhaltensmerkmalen orientieren, nimmt sehr häufig das Unglück von Mensch und Hund seinen Lauf: Der Mensch schafft sich einen Hund an, für dessen Haltung er schlichtweg ungeeignet ist.

Schäferhunde hatten andere Jobs als Dackel

Wenn man Hundehalter befragt, welche Unterschiede es zwischen den Hunderassen gibt, so erhält man in der Regel folgende Anwort: Es gibt Jagdhunde, die gerne jagen, Hütehunde, die kinderlieb sind und selbstverständlich nicht jagen, Re-

kurz und bündig

Hund ist nicht gleich Hund. Die jahrtausendelange Selektion hat eben nicht nur Hunde höchst unterschiedlichen Aussehens entstehen lassen, sondern auch höchst unterschiedlichen Charakters.

Rat

Informieren Sie sich z.B. über Fachliteratur und Gespräche mit Züchtern über die typischen Eigenschaften einer Rasse. Dies ist erstens wichtig für den allgemeinen erzieherischen Umgang mit dem Hund und zweitens, um zu wissen, wie viel aktive Beschäftigung dieser Hund braucht und welcher Art diese Beschäftigung am besten sein sollte.

triever, die total lieb und einfach zu erziehen sind, und so genannte »Gebrauchshunde«, die auf Hundeplätzen bellen und Menschen in den Beißarm beißen. Und dann gibt es da noch den treuen Deutschen Schäferhund, der wie Kommissar Rex der Polizei zu Diensten ist.

Ist diese Antwort schon recht ungenau, so wird es oft noch haarsträubender, wenn man Hundehalter danach befragt, wozu denn eine bestimmte Rasse ursprünglich gezüchtet worden ist und welche Eigenschaften man von ihr erwarten kann – es herrscht eine verbreitete Unwissenheit.

An dieser Stelle kann ich Ihnen nur einen kleinen, ersten Überblick über rassespezifische Unterschiede geben.

Gehen wir einfach die verschiedenen Rassegruppen durch, wie sie vom Internationalen Dachverband der Hundezuchtverbände (FCI) eingeteilt werden, wobei an dieser Stelle bereits darauf hingewiesen werden soll, dass man sich bei einigen Gruppen fragt, wo die Gemeinsamkeit liegen soll!

Hüte- und Treibhunde, Herdenschutzhunde

Da sind in der ersten Gruppe die Hüte- und Treibhunde, wobei Hunde in einen Topf geworfen werden, die sich deutlich unterscheiden:

Kleiner Literaturtipp:
Susanne Kerl: Hunde kaufen mit Verstand, Müller Rüschlikon Verlag

Reine Hütehunde wie z.B. der Border Collie sollen Herden zusammenhalten, versprengte Einzeltiere wieder zurück zur Herde bringen. Diese Hunde zeichnen sich durch große Agilität, schnelle Auffassungsgabe, Sensibilität, extrem gutes Gehör, den Drang, etwas tun zu wollen und die Bereitschaft, mit ihrem Menschen zusammenzuarbeiten, aus.

Er muss gefordert werden im Hinblick auf Konzentration, Überlegung, blitzschnelle Aktion, genaue Orientierung an den Zeichen, die Sie ihm geben. Daher ist z.B. das Betreiben von Agility, wie es im Kapitel V beschrieben wird, für diese Hunde eine wundervolle Aufgabe, wenn man ihnen keine Schafe, Gänse oder Ähnliches zum Hüten geben kann.

Bei aller Beschäftigung mit seinem Hund, muss berücksichtigt werden, dass der Spaß mit Artgenossen wichtig ist! Foto: Meyer

Rat

Wenn Sie einen solchen Hund halten, bedeutet das, dass Sie ihm sehr viel Beschäftigung geben müssen. Und diese Beschäftigung sollte nicht allein in viel Auslauf bestehen, sondern auch in geistiger Beschäftigung.

kurz und bündig

Im Grunde besteht die artgerechte Beschäftigung eines Herdenschutzhundes darin, dass Sie ihn etwas bewachen lassen.

In diese Gruppe fallen aber auch die Herdenschutzhunde, die oft mit den Hütehunden gleichgesetzt werden, obwohl man sich unterschiedlichere Hunde kaum vorstellen kann. Ihre Gemeinsamkeit liegt lediglich darin, dass beide Aufgaben an der Herde zu erfüllen haben. Aber die großen, schweren Herdenschutzhunde sind nicht dazu da, ständig die Herde zu umkreisen und Flüchtlinge wieder einzufangen. Sie liegen herum, wirken oft total schläfrig, aber sie tun ihren Job dann, wenn es nötig ist: Sie wachen darüber, ob sich menschliche oder tierische Angreifer der Herde nähern und verteidigen ihre Herde sofort und unmissverständlich. Besonders in der Dämmerung verstärkt sich ihre sowieso schon starke Wachsamkeit, weil das die Zeit ist, in der in der Natur beispielsweise Wildtiere eine Herde angreifen würden.

Einen Herdenschutzhund mit Agility, irgendwelchen Unterordnungsspielchen oder Nasenarbeit zu beschäftigen, ist oft verlorene Liebesmüh – das interessiert ihn in der Regel schlichtweg nicht.

Daraus dürfte sich von selbst ergeben, dass die derzeit in Mode gekommene Haltung von diesen Hunden in Städten überaus bedenklich ist. Lässt man sie ihren Job tun, wird das für andere Menschen (aber auch Hunde) gefährlich; entzieht man ihnen ihre Aufgabe, so findet man in der Regel kaum eine Möglichkeit, ihnen eine andere Beschäftigung zu geben, die sie auslastet und befriedigt.

Ferner fallen in diese Gruppe auch Hunde wie z.B. der Malinois oder der Deutsche Schäferhund, die anders als z.B. der Collie nicht nur Hüteaufgaben übernehmen, sondern sich auch noch durch starke Wachsamkeit und Verteidigungsbereitschaft auszeichnen. Auch solchen Hunden muss man vielfältige Möglichkeiten zur körperlichen wie geistigen Beschäftigung bieten.

Pinscher und Schnauzer, Molosser, Berghunde und Schweizer Sennenhunde

Kommen wir zur zweiten Gruppe, in der man nun wirklich eine bunte Mischung zusammengestellt hat: Pinscher und Schnauzer, Molosser, Berghunde und Schweizer Sennenhunde. Ihre Gemeinsamkeit liegt darin, dass ihre Geschichte eng mit den Faktoren Haus und Hof verbunden ist. Pinscher und Schnauzer als Ungeziefervernichter und Wachhunde zeichnen sich durch Raubzeugschärfe, Wachsamkeit, Agilität aus und brauchen aktive Beschäftigung. Sie eignen sich für bewegungsreiche Sportarten genauso wie für die Nasenarbeit. Riesenschnauzer werden oft im Schutzdienst geführt. Molosser als Bewacher wie z.B. ein Leonberger sind wiederum nicht unbedingt die Hunde, die sich im Agility oder Turnierhundesport hervortun – dem stehen ihr in der Regel ruhigeres Temperament und natürlich ihr Körperbau entgegen. Aber sie lernen durchaus gut, und man kann ihnen beispielsweise die vielfältigsten kleinen Tricks gut beibringen. Einem Neufundländer, der u.a. als Helfer beim Fischfang gezüchtet worden ist, kann man sehr viel Freude bereiten, wenn man ihm Bademöglichkeiten gibt. Während der Berner Sennenhund dem Ziehen von Karren einiges abgewinnen kann, will sich der Hovawart nicht allein damit beschäftigen, Haus und Hof zu bewachen, sondern er zeichnet sich durch einen großen Beschäftigungsdrang aus, wobei vielfältige Beschäftigungsformen auf sein Interesse stoßen – sei es Rettungshundearbeit, Fährtenarbeit, das Erlernen von Tricks oder der Schutzdienst.

Terrier

Nun zur dritten Gruppe: die Terrier. Die niederläufigen Terrier sind auf die Jagd unter der Erde hin gezüchtet worden.

Um sich da mit Fuchs, Dachs und Ratten anzulegen, braucht es Selbstbewusstsein, Schneid, Angriffsbereitschaft, Schnelligkeit und Wendigkeit, Robustheit und Aufmerksamkeit.

Terrier sind heute sehr beliebt, vor allem die West Highlands und in zunehmendem Maße auch die Jack Russel Terrier. Sie werden in den Medien als ideale Familienhunde verkauft, weil sie ja klein sind und so niedlich aussehen und oft die Clowns spielen. Aber in jedem Terrier – sei er auch noch so weiß und knopfäugig – steckt ein agiles,

kurz und bündig

Terrier freudevoll zu beschäftigen ist kein Problem – eher schon, sie gehorsamsmäßig unter Kontrolle zu halten.

eigensinniges Wesen voller Tatendrang – und den gilt es zu beschäftigen. Reine Gehorsamsübungen wie z.B. beim Obedience (s. Kapitel V) sind nicht so sehr ihr Ding, aber für alles andere sind sie schnell zu begeistern.

Teckel (Dackel)

Die Dackel, auch Teckel oder Dachshunde genannt, bilden die vierte Gruppe. Sie sind ursprünglich für die Jagd in Bauten nach Kaninchen, Füchsen, Dachsen gezüchtet worden. So gilt für sie Ähnliches wie für die Terrier: Sie müssen nicht nur Jagdtrieb besitzen, sondern auch mutig sein, schnelle Entscheidungen treffen (man kann ja nicht erst aus dem Bau kriechen und den Jäger fragen, ob man nun weiterrennen soll oder nicht). Wer an Dackel denkt, der denkt zumeist auch an Dickköpfigkeit.

Sie sind aber sicherlich nicht die geeigneten Partner für Langstreckencrossläufe und aufgrund ihrer anatomischen Besonderheiten auch für Agility – selbst in der Miniklasse – nicht unbedingt geeignet.

kurz und bündig

Es stimmt, Dackel davon zu überzeugen, dass sie etwas tun oder lassen sollen, ist nicht so einfach. Aber Dackel sind intelligente Hunde, denen man gut Kunststückchen beibringen kann, denen die Nasenarbeit natürlich im Blut liegt – man muss jedoch wissen, wie man sie motiviert bekommt.

Nordische Hunde

In der fünften Gruppe hat man die nordischen Schlitten-, Jagd-, Wach- und Hütehunde sowie die europäischen und asiatischen Spitze zusammengefasst, was in gewisser Weise auch eine recht wilde Mischung ist. Während der Chow Chow als stolzer, eigensinniger Einzelgänger sich weder darum reißt, Gehorsamsübungen in Perfektion auszuführen noch irgendwelche Geschwindigkeitsrekorde zu brechen, ist der Siberian Husky als Schlittenhund ein Ausdauerläufer, der so extrem wie kein anderer

Hund allein schon körperliche Beschäftigung braucht – und das heißt mit Sicherheit nicht Spaziergänge, seien die auch noch so ausgedehnt. Während der Husky noch relativ gut für eine gemeinsame Beschäftigung mit seinem Halter zu bewegen ist, ist der Wach- und Jagdhund Akita Inu in gewisser Weise den Herdenschutzhunden nicht unähnlich: So schnell kann man ihn für nichts begeistern, er drängt nicht darauf, dass sein Halter sich doch nun bitteschön phantasievoll mit ihm beschäftige.

Tipp

Als Huskyhalter sollte man sich mindestens auf Joggen und Radfahren einstellen, oder sich einen so genannten (leider recht teuren) Sacco-Cart anschaffen – sozusagen ein Schlitten auf Rädern, wobei der Husky seinen in einer Art Gokart sitzenden Halter zieht. (Abb. S. 63)

Jagdhunde

Jagdhund ist nicht gleich Jagdhund. So unterteilt man die Jagdhunde in drei Klassen:

In der Gruppe sechs sind die Lauf- und Schweißhunde zusammengefasst, die Wild hetzen, verfolgen, die Spur angeschossener Tiere aufnehmen. Diese Hunde haben außerordentlich gute Nasen. Hierunter fallen Meutejäger wie die Beagles, Schweißhunde, auf bestimmte Beutetiere spezialisierte Hunde, aber auch der Dalmatiner als Kutschenhund. Die verfressenen Beagles kann man wunderbar mit Nasenarbeit beschäftigen und über den Futteranreiz zu Kunststückchen bewegen. Dalmatiner sind ausgezeichnete Reitbegleithunde und brauchen generell sportliche Besitzer, die ihnen auch viel körperliche Auslastung (wenn schon nicht Reiten, dann z.B. Fahrradfahren) bieten. Die immer beliebter werdenden Rhodesian Ridgebacks machen es ihren Haltern oft nicht leicht – nicht nur wegen ihres Jagdtriebs, sondern auch, weil sich bei ihnen Eigensinn und Durchsetzungsbereitschaft mit großer Sensibilität mischen.

Die Schweißhunde, aber auch der Foxhound sind keine Familienhunde, sie können nur in (vernünftiger) Jägerhand artgerecht gehalten werden!

In der Gruppe sieben sind die Vorstehhunde zusammengefasst: Sie zeigen das Vorhandensein von Wild an, indem sie in leicht geduckter Körperhaltung bewegungslos verharren und dabei einen Vorderlauf erhoben halten. Während der Deutsch

Jagdhund im Glück.
Foto: Werner

Drahthaar meist in Jägerhänden gehalten wird, haben sich die Setter oder Münsterländer als Familienhunde etabliert, ohne dass vielen Besitzern ihre jagdliche Herkunft überhaupt noch bewusst wäre. Doch ihnen allen liegt die Jagdpassion weiter im Blut. Es sind bewegungsfreudige, agile, z.T. sogar leichtführige Hunde, die auf vielfältige Beschäftigungsangebote gut eingehen.

Die Apportier-, Stöber- und Wasserhunde bilden die FCI-Gruppe acht und die dritte Gruppe der Jagdhunde: Sie stöbern Wild auf und bringen geschossenes Federwild dem Jäger zurück – auch wenn dieses im Wasser gelandet ist, wie z.B. bei der Entenjagd. Der beliebte Cocker Spaniel ist ein Stöberhund, der seiner Aufgabe entsprechend seine Nase sehr viel auf dem Boden hat. Cocker sind – auch wenn viele in ihnen den »harmlosen« Familien- oder Ausstellungshund sehen – sehr bewegungsfreudige Hunde, verspielt und voller Tatendrang, die man mit den vielfältigsten Aufgaben – natürlich besonders gerne auch mit der Nasenarbeit – beschäftigen kann.

Rat

Überlegen Sie sich gut, ob Sie Ihrem Jagdhund jagdliches Training angedeihen lassen wollen, ohne ihn aber wirklich jemals jagen lassen zu dürfen. Diese Frage wird kontrovers diskutiert und man tendiert doch eher zu einer Verneinung.

Die Golden- und Labrador Retriever gehören zu den Apportierhunden. Ihr Job ist es, die geschossene Beute unversehrt zurückzubringen. Entsprechend lieben diese Hunde Apportierspiele in sämtlicher Form – auch natürlich in Verbindung mit Wasser. Einen Golden Retriever kann man also mit Bringspielchen glücklich machen, aber er steht auch anderen Beschäftigungsformen – wenn es nicht gerade der Schutzdienst ist – sehr aufgeschlossen gegenüber.

kurz und bündig

Viele Menschen glauben, mit der Anschaffung eines Retrievers den Freifahrtschein für ein unkompliziertes Zusammenleben gezogen zu haben. Aber auch für diese Hunde gilt: Sie brauchen Beschäftigung – körperliche wie geistige – und sind dabei offen für die verschiedensten Ideen.

Gesellschafts- und Begleithunde

In der Gruppe neun hat man eine Vielzahl unterschiedlichster Rassen zusammengefasst, von denen die meisten nicht primär für eine bestimmte Gebrauchsaufgabe wie Jagen, Hüten, Wachen etc. gezüchtet worden sind, sondern als nette, freundliche, lustige Begleiter, die keinen so starken Bewegungs- und Beschäftigungsdrang haben wie andere Rassen. Der Mops fällt genauso darunter wie der Malteser. Doch die Tatsache, dass diese Hunde nicht als Arbeitshunde gezüchtet worden sind, heißt nicht, dass man sie nicht beschäftigen könnte oder sollte. Im Gegenteil: Sie freuen sich ebenfalls über gemeinsame Beschäftigung mit ihrem Partner Mensch. Man sollte jedoch nicht unbedingt Wach- und Schutzaufgaben von ihnen erwarten und auch nicht unbedingt sportliche Extremleistungen.

Windhunde
Bleiben in der letzten Gruppe noch die Windhunde, die als Hetzjäger unglaubliche Sprintqualitäten besitzen und, anders als die meisten Jagdgebrauchshunde, dabei hauptsächlich auf Sicht jagen. Das riesige Laufbedürfnis dieser Hunde können die meisten Halter kaum befriedigen. Ausschließliche Leinenführung ist für diese Hunde natürlich eine besondere Qual; Führen ohne Leine in wildreichem Gebiet ist nicht anzuraten, da damit zu rechnen ist, dass sie schnell auf und davon sind.

Tipp

Eine Möglichkeit der Auslastung bieten Rennbahnen, die in Deutschland zum Glück anders als z.B. in Großbritannien nicht kommerziell betrieben werden. D.h., es gibt keinen Wettsport und damit auch nicht die tierschutzrelevanten Auswüchse, wie sie insbesondere bei den Greyhoundrennen in Großbritannien und Irland bekannt sind. Auf hiesigen Rennbahnen geht es darum, dass der Hund sich auslaufen kann – (und vielleicht auch um das Ego des Besitzers des schnellsten Hundes).

Windhund auf der Rennbahn. Foto: Kamp/Eickhoff

Wenn Sie einen Afghanen, einen Barsoi, einen Greyhound oder Deerhound oder den kleinen Whippet besitzen, müssen Sie sich wirklich Gedanken machen, wie Sie Ihrem Hund die nötige körperliche Auslastung zukommen lassen können. Bei Windhunden liegt die Problematik der Beschäftigung hauptsächlich im Bereich der körperlichen Auslastung und nicht so stark in der Frage der mentalen Forderung, da Windhunde kein so ausgeprägtes Arbeitsbedürfnis wie z.B. Hüte- oder Jagdhunde haben.

Der Mischling – eine Wundertüte! Foto: Niepel

Mischlinge

Nun haben Sie vielleicht einen Mischlingshund und werden sich fragen, was Ihnen diese Kurzcharakterisierung von Neigungen bei bestimmten Rassen bringen kann. Tja – Mischlinge sind in gewisser Weise »Wundertüten«. Waren die Eltern Angehörige unterschiedlicher Rassen, so hat man darüber einen ersten Anhaltspunkt bezüglich möglicher Neigungen. Doch wenn Mama z.B. ein Border Collie und Papa ein Neufundländer gewesen ist, stellt sich natürlich die Frage, wessen Eigenschaften stärker durchschlagen. Wissen Sie gar nichts über die Eltern, oder waren die auch schon Mischlinge, wird es natürlich unmöglich, allein von der Abstammung her bereits auf bestimmte Vorlieben des Hundes zu tippen.

Da heißt es: Ausprobieren und gucken, was dem Hund gefällt.

Der unterschätzte Familienhund – was heute noch in ihm steckt

Vielleicht werden Sie sich auch fragen, inwieweit die ursprüngliche Zucht auf bestimmte Arbeitsaufgaben heute noch von Bedeutung für die Charaktere unserer Hunde ist. Denn eines ist klar: Kaum ein Hund arbeitet noch in seinem angestammten Job. Der Job der meisten Hunde besteht heute darin, unser Begleiter zu sein. Doch man sollte daraus nicht schließen, dass unsere heutigen Haushunde das Erbe ihrer Ahnen »vergessen« haben. Es stimmt, dass viele der heutigen Arbeitsspezialisten unter den Hunden nicht mehr die Leistung wie ihre Vorfahren bringen, da man auf Schönheit und nicht auf Leistung selektiert hat. Ein träger Hütehund beispielsweise würde vom Schäfer niemals zur Zucht eingesetzt werden; heute kann sich ein solcher Hund vermehren, wenn er besonders gut dem optischen Standard entspricht – und damit gibt er natürlich auch seine Anlage, die ihn wenig zur Arbeit prädisponiert, weiter.

Dennoch steckt auch in unseren heutigen Hunden nach wie vor ihr Arbeitserbe, das befriedigt werden will.

Tipp

Wenn Sie einen Hund aus den bekannten Gebrauchshundegruppen haben, so sollten Sie bedenken, dass es bei diesen Rassen in der Zucht häufig zwei Zuchtlinien gibt: solche, die mehr auf Arbeitsaufgaben hin züchten und solche, die mehr auf den »Gebrauch« als Familienhund hin selektieren.

Wenn Sie z.B. einen Deutschen Schäferhund aus ersterer Linie haben, so müssen Sie diesem in der Regel mehr bieten, als einem aus einer »Familienzucht«.

Natürlich gibt es heute Hütehunde, die nicht die Spur von Hütewillen zeigen, ja es gibt sogar Jagdhunde, denen Kaninchen relativ egal sind. Aber Sie sollten besser davon ausgehen, dass Ihr Hund seiner Rasse/seinem Rassemix entsprechende Anlagen mitbringt, auf die Sie eingehen sollten.

Literaturtipp: Es gibt sehr gute Ratgeber, die gezielt eine Rasse umfangreich vorstellen und mehr in die Tiefe gehen können, als allgemeine Überblicksbände (Reihe »Hunderassen«, Müller Rüschlikon Verlag).

Hundeleben heute

Was uns unsere Hunde geben

Unsere Zeit ist hektisch, schnelllebig, der Alltag von Technik und Automatisierung geprägt. Ruhe, Einkehr, Naturerleben sind zumindest in der Arbeitswelt kaum erlebbar. Was gibt es Schöneres als den Puffer Hund, der das Ausleben der anderen menschlichen Komponente erlaubt und zumindest in Ansätzen das Gefühl vermittelt, »der Natur« noch etwas nahe zu sein?

Lebenslange Beziehungen, Verbindlichkeit und Treue werden immer mehr zu Fremdwörtern; man spricht statt dessen lieber von Lebensabschnittspartnern. Der Hund jedoch verlässt den Menschen nicht, er bedeutet Kontinuität und Gefühlssicherheit.

Isolation, Vereinsamung, oberflächliche Beziehungen kennzeichnen

Wir mögen uns! Foto: Niepel

das Leben vieler heutiger Menschen. Der Hund »liebt« seinen Menschen vorbehaltlos, egal ob der alt, behindert, häßlich, arm, zu schüchtern für Singlepartys oder von der »falschen Hautfarbe und/ oder Nationalität« ist.

Mit Hund lebt es sich gesünder

Wissenschaftlich erwiesen ist, dass unsere Hunde ganz direkte Auswirkungen auf unsere körperliche und seelische Gesundheit haben.

Unsere Hunde zwingen uns zum Spazierengehen, und das mindestens zweimal täglich. Egal, ob es draußen regnet, stürmt oder schneit – man muss bei jedem Wetter hinaus. Das bedeutet Abhärtung und viel Bewegung an der frischen Luft mit der Folge, weniger erkältet zu sein. Man entwickelt eine bessere Kondition, Muskelverspannungen durch stundenlanges Sitzen am Arbeitsplatz werden gelöst. Gerade Besitzer größerer Hunde entwickeln oft einen sehr flotten Schritt, der nicht nur die Muskulatur fördert, sondern generell den Kreislauf anregt. Schließlich wird der Körper auch durch das Spielen und Toben mit dem Hund auf Trab gebracht. Vielen Menschen mit Kreislauf- oder Herzproblemen wird daher die Anschaffung eines Hundes angeraten.

Doch Hunde wirken nicht nur darüber, dass sie uns zu körperlicher Aktivität zwingen. Wenn wir mit unseren Hunden spielen oder kuscheln, sie streicheln oder ihnen beim Spielen zuschauen, dann hat das beruhigende Effekte auf unser Nervensystem. Unser Körper schüttet weniger Stresshormone aus und wir nehmen Schmerzen in einem verringerten Maße wahr. Ja, es werden »Glückshormone« freigesetzt, die uns in freudigere Stimmung versetzen.

Der Hund – Balsam für unsere Seele

Unser Hund vermittelt uns das Gefühl, geliebt zu werden. Menschliche Liebe wird sehr schnell wieder entzogen. Die Liebe eines Hundes bleibt bis zu dessen Tod.

Mit einem Hund zu leben bedeutet, nie völlig allein zu sein – für viele ältere Menschen ist der Hund der einzig verbliebene verlässliche Sozialpartner.

Schmusen, kuscheln, streicheln, zärtlich zum Hund sein gibt uns ein warmes Gefühl. Bei aller Technisierung unserer »modernen« Welt: Das Bedürfnis nach zärtlichem Körperkontakt ist ein menschliches Grundbedürfnis, das befriedigt werden will.

Hunden kann man unbeschwert alles erzählen. Sie hören anscheinend geduldig zu, und was das Wichtigste ist: sie kritisieren nicht. Hunde merken, wenn wir traurig sind und trösten auf ihre Weise. Sie suchen Körperkontakt, lecken uns ab, tatschen mit der Pfote oder fangen an, Kapriolen zu drehen, so als wollten sie uns bewusst zum Lachen bringen und uns von unseren traurigen Gedanken abbringen. Hunde machen einfach Spaß. Sie sind in der Regel eher gut gelaunt und zeigen Verhaltensweisen, die uns immer wieder zum Lachen bringen – und Lachen hält gesund.

Spielen in der Erwachsenenwelt ist verpönt – es sei denn, es hat einen Wettkampfcharakter. Im Spiel mit dem Hund dagegen kann man einfach sinnlose, irrationale Dinge tun: herumalbern, auf der Erde robben, Blödsinn verzapfen.

Die Verantwortung gegenüber dem Hund fordert von uns, uns nicht hängen zu lassen nach dem Motto: Jetzt ziehe ich mir die Decke über den Kopf. Unser Hund fordert sein Recht auf Spaziergänge, auf Futter, auf Zuwendung und zwingt uns, aktiv zu werden.

Einen Hund zu haben bedeutet auch, dass man sich zu festen Zeiten am Tag von allen anderen Verpflichtungen freistellen muss: Man muss sich eine »Auszeit« nehmen, die wir alle meist dringend brauchen, aber aufgrund von beruflichen oder familiären Zwängen meinen, uns nicht nehmen zu können.

Tja, und wer kennt nicht den Effekt des Hundes als »Kontaktbrücke«: Über den Hund lernt man andere Menschen kennen, weil man sich z.B. auf den täglichen Spaziergängen begegnet oder zum gleichen Welpenspieltag geht etc.

kurz und bündig

Hunde sind heimliche Miterzieher unserer Kinder, fördern direkt wie indirekt unsere körperliche Gesundheit, sind in ihrer unbeschwerten, lustigen Art und ihrer Fähigkeit, sich auf uns einzustellen, einfach Balsam für die Seele. Sie geben uns natürlich nicht zuletzt auch ein Gefühl von mehr Sicherheit – besonders, wenn wir größere Hunde haben.

Kinder können durch den Umgang mit dem Hund ein besseres Sozialverhalten erlernen. Hunde sind nicht nur tolle Spielpartner, sondern über den (natürlich durch verantwortungsbewusste Anleitung durch

Kleiner Literaturtipp:
Ratgeber rund um den Hund:
Rosemarie Wild: Hund und Kind und
Iren Rohrer: Jugend und Hund,
Müller Rüschlikon Verlag

die Eltern erlernten) Umgang mit dem Hund lernen sie z.B. Einfühlungsvermögen, Rücksichtnahme, Verantwortungsbewusstsein – und auch, dass man mit aggressivem Verhalten nur wenig ausrichten kann.

Was wir unseren Hunden geben

Wir leben in einer Zeit, in der auch die Lebensräume für Hunde immer enger werden, in der Hunde immer mehr lernen müssen, um in der Gesellschaft bloß nicht aufzufallen. Nirgendwo kann das Laufraubtier Hund einfach so laufen. In Städten herrscht Leinenzwang, der Verkehr ist eine ständige Todesfalle, nicht mehr nur die Jogger reizen den Bewegungsseher und -jäger Hund, sondern daneben Skateboardfahrer, Inlineskater etc. Die Flucht aufs Land ist keine Alternative: Auch hier rennen die Jogger, stürzen plötzlich aus dem Dickicht in halsbrecherischer Abfahrt Mountainbiker hervor – und erschießt schließlich die Zunft der Jäger jährlich Tausende von Hunden.

Durch die hundefeindliche Berichterstattung in der Presse fühlen sich immer mehr Hundehalter in die Ecke getrieben und suchen nach Möglichkeiten, Konflikten schon im Vorfeld aus dem Weg zu gehen. Das heißt leider für viele Hundehalter: Den Hund möglichst gar nicht mehr frei laufen zu lassen und ihn natürlich auch nicht zu geselligen Veranstaltungen, welcher Art auch immer, mitzunehmen.

Durch diese Einschränkungen nehmen wir den Hunden sowieso schon viel, aber wir können uns oft einfach nicht gegen diese aufgezwungene Form der Hundehaltung wehren. Doch in unserem ganz persönlichen Umgang mit dem Hund können wir uns nicht mit irgendwelchen Vorschriften oder widrigen Lebensbedingungen herausreden:

kurz und bündig

Jeder Hundehalter hat die Pflicht, sich über Wesen und Verhalten dieses Lebewesens, für das er die Verantwortung übernimmt, zu informieren und seinen Umgang mit dem Hund darauf einzustellen. Dazu gehört, den Hund als Hund zu sehen und zu behandeln, und nicht als kleinen Menschen. Und dazu gehört auch, dass man ihm im möglichen Rahmen Beschäftigungen bietet, um zumindest einen Teil des Verlusts an artgerechtem Hundeleben auszugleichen.

Familienhunde sinnvoll beschäftigen – warum?

»Problemhunde« sind oft beschäftigungslose Hunde

Der Hund macht seinen Job – für den Halter wird das zum Problem

Viele Hundehalter suchen eine Hundeschule oder eine Verhaltensberatung auf, weil sie Probleme mit ihrem Hund haben und der Ansicht sind, dass ihr Hund irgendwie gestört ist.

> **kurz und bündig**
>
> **In einem großen Teil der Fälle liegt keine Verhaltensstörung des Hundes vor, sondern der Hund zeigt normales Hundeverhalten im Generellen und rassespezifisches Verhalten im Besonderen.**

Wenn der Kleinterrier den ganzen Garten umgräbt, ist das keine Störung, sondern er zeigt rassetypisches Verhalten. Wenn der im Garten frei laufende Hovawart den durchs Gartentor kommenden Briefträger stellt, so folgt er damit seinem inneren Bestreben, sein Revier zu verteidigen. Wenn der Spitz in der Wohnung auf jedes ungewohnte Geräusch von außen mit einer Belltirade antwortet, so entspricht das seiner ursprünglichen Meldefunktion als »lebende Klingel«. Wenn der Bearded Collie auf dem Spaziergang bellend die Nachzügler einer Gruppe nach vorne zu treiben versucht, so entspricht auch das seiner ursprünglichen Aufgabe als Treibhund. Nun will ich damit nicht sagen, dass man das Umgraben des gesamten Gartens oder das Stellen von Besuchern eben hinnehmen muss, weil es rassetypisch ist. Natürlich kann und vor allem sollte man dieses Verhalten erzieherisch beeinflussen. Und das fällt erheblich leichter, wenn man dem Hund alternative Beschäftigungen bietet.

Wer sich langweilt, der sucht sich ein eigenes Betätigungsfeld

Hunde bereiten uns nicht nur Probleme, indem sie sich eben einfach wie ein Hund benehmen (also ihr Revier verteidigen, sich in Kuh-

Mir ist es zu Hause langweilig. Foto: Werner

fladen wälzen, Pferdeäpfel fressen oder sich bewegenden Objekten hinterherjagen). Nicht wenige Hunde beginnen aus purer Langeweile bestimmte Verhaltensweisen bis zum Exzess zu treiben: Statt kurz zu melden, dass sich vor der Wohnungstür etwas tut, kriegen sie sich vor lauter Gebell kaum mehr ein. Nicht mehr nur ungewohnte Geräusche werden gemeldet, sondern auch tagtäglich immer wiederkehrende.

Nicht nur Kaninchen erregen die Jagdleidenschaft, sondern auch Mopeds, Autos, ja selbst Kinderwagen werden gejagt.

Border Collies fangen mangels zu hütender Schafe an, Wolken oder Wellenbewegungen im Wasser hüten zu wollen – oder hindern die Kinder der Familie durch hartnäckiges Hackenbeißen daran, herumzutoben.

Nicht wenige Hunde bringen ihren Frust aufgrund von Langeweile und

Alleinsein lautstark zum Ausdruck, wieder andere entscheiden sich dafür, zu überprüfen, was man in der Wohnung so alles auseinander nehmen kann. Erstens hat man dann eine Beschäftigung, zweitens hat Kauen einen selbstberuhigenden Effekt.

Während die geschilderten Verhaltensweisen vor allem belastend für die Besitzer sind, gibt es aber auch »Beschäftigungsformen«, die vor allem den Hund selbst beeinträchtigen: Man denke an die Selbstverstümmler unter den Hunden, die sich die Zeit mit stereotypem Pfotenlecken, Fellausreißen oder Rutenjagen vertreiben und sich dabei erhebliche körperliche Verletzungen zufügen.

Ich will damit nicht sagen, dass genannte Verhaltensprobleme ausschließlich auf mangelnde Beschäftigung zurückzuführen seien. Gerade was z.B. das Rutenjagen betrifft, weiß man, dass physiologische Störungen vorliegen können, die vererbt werden. Zudem spielt oft die unbewusste Verstärkung des Problemverhaltens durch den Besitzer bzw. seine generelle Fehlreaktion eine große Rolle in der Verursachung problematischen Verhaltens.

Irgendwie muss ich mich ja beschäftigen.
Foto: Niepel

kurz und bündig

Bei einem großen Teil der Hunde, deren Besitzer professionelle Hilfe suchen, weil ihr Hund sich problematisch verhält, spielt Unterforderung bei der ursprünglichen Entstehung des Verhaltens eine große Rolle.

Wer nichts kennt, der hat vor vielem Angst

Unsere zivilisatorische Umwelt bedeutet Stress für den Hund. Er muss von klein auf lernen, dass er vor vielen Dingen keine Angst zu haben braucht – weder vor Menschen, die sich auf Rollen fortbewegen, noch vor knatternden Motorrädern, zischenden Heißluftballons, Vogelscheuchen auf dem Feld, Menschen im Rollstuhl, Schlagbohrmaschinen oder schleudernden Wäschetrommeln etc. Um Hunde umweltsicher zu machen, muss man sie mit all diesen Reizen konfrontieren.

Andersherum wird natürlich auch ein Schuh draus: Wenn Sie Ihren Hund nicht schrittweise an all die potentiell ängstigenden Umwelten gewöhnt haben, dürfte es sowohl für Sie, als auch für Ihren Hund nichts als Stress bedeuten, wenn Sie ihm »etwas Gutes« tun wollen und ihn plötzlich auf den Weihnachtsmarkt mitnehmen.

Nun will ich damit natürlich nicht sagen, dass Hunde eine Fahrt in der Straßenbahn mit anschließendem Einkaufsbummel in Geschäftspassagen, wo es vor Musikberieselung und bedrängender Menschenfülle nur so wimmelt, genießen und gar einem Spaziergang in freier Natur vorziehen würden. Genauso wenig möchte ich Sie mit diesen Worten auf die Idee bringen, Ihren Hund fortan zu jeder Großveranstaltung mitzunehmen oder ihm ein Programm von morgens bis abends zu bieten. Auch Hunde wollen und brauchen ihre Ruhephasen. Aber Sie sollten Ihren Hund immer mal wieder mit diesen Aktionen konfrontieren, um seine Sicherheit zu fördern, bzw. zu erhalten.

Rat

Wenn Sie Ihren Hund im Alltag nicht ständig zu Hause lassen, sondern ihn z.B. auch mal zum Kneipenbesuch oder Stadtbummel mitnehmen, dann erfüllen Sie damit nicht nur das Bedürfnis des Hundes nach Gemeinsamkeit, sondern Sie fördern auch seine Umweltsicherheit.

Wer sich fürchtet, der reagiert oft aggressiv

Über Aggressionen bei Hunden wird viel geredet und geschrieben – häufig der größte Unsinn. Was aber zutrifft, ist eine Zunahme von aggressivem Verhalten. Und diese ist nicht auf eine bewusste Zucht auf Aggression hin zurückzuführen, wie oft pauschal behauptet wird.

Wenn ein Hund sich bedroht fühlt, bleiben ihm nur drei Reaktionsmöglichkeiten: In Angst erstarren, flüchten oder zum Angriff starten. Welche Möglichkeit er wählt, ist z.T. typabhängig, aber besonders auch davon, wie die Situation insgesamt aussieht. Gerade wenn keine Möglichkeit zur Flucht besteht (z.B. weil der Hund angeleint ist!) ist die Wahrscheinlichkeit, dass der Hund zum Angriff startet, relativ hoch. Wenn Sie Ihren Hund von klein auf z.B. von Kindern grundsätzlich fern halten, so dürfen Sie sich nicht darüber wundern, wenn Kinder Ihrem Hund unheimlich sind und er tatsächlich mit Knurren oder gar Schnappen reagiert, wenn plötzlich doch einmal ein Kind zupackt, um ihn zu streicheln. Wenn Sie Ihrem Hund von klein auf das Gehen durch eine Menschenmenge erspart haben, weil Sie sich völlig richtig denken, dass das nun wirklich nicht das Höchste an Glücksgefühlen für den

kurz und bündig

Die Mehrzahl der »aggressiven« Hunde zeigt aggressives Verhalten aufgrund von Unsicherheit – und nicht, weil sie sich als starke Machos fühlen, als »Kampfmaschine« auf die Welt gekommen sind oder weil sie einfach nichts so schön finden, wie das Beißen anderer Hunde oder Menschen.

kurz und bündig

Wenn Sie Ihren Hund viel in Ihren ganz normalen Alltag einbinden, so schlagen Sie mehrere Fliegen mit einer Klappe: Ihr Hund fühlt sich wohler, weil er weniger allein ist. Er ist weniger gelangweilt, weil er einfach mehr erlebt und zu verarbeiten hat. Weil er vielfältige Erfahrungen macht, entwickelt er sich eher zu einem selbstsicheren Hund. Und weil ihn daher so leicht nichts aus der Ruhe zu bringen vermag, ist die Wahrscheinlichkeit, dass er aggressives Verhalten zeigt, geringer.

Hund ist, dürfen Sie sich nicht wundern, wenn Sie plötzlich in eine solche Situation geraten und Ihr Hund zähnefletschend neben Ihnen steht und keinen Meter mehr weitergehen will. An vielfältigste Umwelten gewöhnte Hunde lassen sich in viel geringerem Ausmaß verunsichern und neigen daher weniger zu aggressivem Verhalten.

Beziehungsförderung durch gemeinsame Beschäftigung

Gemeinsame Beschäftigung fördert die Bindung

Im gemeinsamen Tun von Ihnen und Ihrem Hund wird das Band zwischen Ihnen beiden enorm gefördert. Ihr Hund sieht Sie als interessanten Spielpartner, mit dem sich viele spannende und spaßige Sachen erleben lassen. Wenn Sie es richtig anstellen, bedeutet Beschäftigung mit dem Hund nämlich, dass er seine tierischen Bedürfnisse zumindest in Teilen ausleben darf, dass er z.B. Schnüffelorgien veranstalten oder sich nach Herzenslust austoben kann. Aber es bedeutet noch mehr, wie oben bereits beschrieben: Ihr Hund fühlt sich – wenn man diesen vermenschlichenden Ausdruck einmal wählen möchte – »stolz«, wenn er eine Aufgabe gemeistert hat, was Sie ihm durch begeistertes Loben deutlich machen. Sie werden für ihn so zur Quelle von Freude und Erfolgserlebnissen.

Rat

Wenn Sie in Ihrer gemeinsamen Beschäftigung Ihrem Hund viele Erfolgserlebnisse vermitteln, orientiert er sich stärker an Ihnen, was Ihnen die Erziehung und damit auch die notwendige Kontrolle des Hundes erleichtert.

Rangklarstellung durch gemeinsame Beschäftigung

Und damit wären wir beim zweiten Stichwort: Gemeinsame Beschäftigung bedeutet nicht nur, dass Sie und Ihr Hund intensiv Zeit miteinander verbringen und zusammen Ihren Spaß haben, sondern es bedeutet auch, dass Sie dabei Ihrem Hund klarmachen können, wer in Ihrem Familienrudel das Sagen hat – und das sind (hoffentlich!) Sie. Mit Hunden kann man nicht »demokratisch« umgehen, in dem Sinne, dass gleichberechtigte Partner ausdiskutieren, was getan und was unterlassen werden soll. Hunde sind auf das Leben in einer Hierarchie programmiert und das bedeutet nun einmal, dass einer oben und

Ziele von Welpenspielgruppen

- Sozialverhalten zu den Artgenossen zu lernen
- die Bindung zwischen Ihnen und Ihrem Welpen zu fördern
- Ihnen Informationen zu wichtigen Fragen rund um den Hund zu geben (wie z.B. zur Ernährung, Gesundheit, Sauberkeitserziehung, Gewöhnung ans Alleinbleiben oder ans Autofahren) und Ihnen einen Ansprechpartner bei Fragen und Problemen zu bieten
- Ihnen zu zeigen, wie man Hunden das beibringt, was alle Hundebesitzer gerne bei ihrem Hund sähen: Dass er kommt, wenn man ihn ruft, dass er sich auf entsprechenden Befehl setzt und legt, dass er keinen Unrat frisst, keine fremden Leute anspringt, nicht so fest auf den Händen herumbeißt etc.
- beim Welpen Vertrauen zu fremden Menschen aufzubauen
- den Welpen an die verschiedensten optischen, akustischen und taktilen Reize zu gewöhnen
- das so wichtige Selbstvertrauen aufzubauen und zu stärken, indem der Welpe mit Ihnen kleine Aufgaben erfolgreich meistert

Mama und den Geschwistern lernt er, wie man sich zu benehmen hat, was die Körpersprache eines anderen Hundes ausdrückt, wie man sich aus brenzligen Situationen retten kann, wie man sich selbst durchsetzen kann etc. Hierbei ist gerade der Kontakt zu Gleichaltrigen wichtig. Doch wer findet in seiner Nachbarschaft schon gleich mehrere gleichaltrige Welpen? Die Welpenspielgruppe bietet da eine kleine Lösung, weil der Welpe dort zumindest ein- oder zweimal die Woche die Gelegenheit hat, mit nahezu Gleichaltrigen, noch dazu verschiedenster Rassen und Rassemixe, zu spielen und dabei so ganz nebenher Sozialverhalten zu lernen. Doch gute Welpenspieltage sind nicht nur eine Angelegenheit für den Hund, sondern für das Team Mensch/Welpe.

Der Sinn eines Welpentreffs ist ein spielerisches Lernen für Mensch und Hund, das beiden Spaß macht – nicht aber ein früher Gehorsamsdrill.

Und damit diese Ziele erreicht werden, besteht der gute Welpenspieltag nicht allein aus einem freien Spiel der Hunde, sondern dieses wird durch kleine Übungen unterbrochen. So müssen Sie zum Beispiel mit Ihrem Hund spielen, obwohl lauter interessante Artgenossen um ihn herum sind. D.h., Sie

Spieltag für Hund **und** Mensch. Foto: Niepel

müssen sich schon ganz schön etwas einfallen lassen, damit er Sie interessanter als seine Hundekumpels findet. Oder es gilt, durch einen Tunnel zu kriechen. Wenn der Welpe sich dazu weder durch Leckerchen noch durch Spielzeug überreden lässt, kann es schon sein, dass Sie eben vorneweg kriechen müssen. Oder Sie müssen Ihren Welpen davon überzeugen, dass Schubkarre fahren überhaupt nicht beängstigend ist. Ihnen wird gezeigt, wie Sie Ihren Hund richtig loben, wie Sie richtig mit ihm spielen, wie Sie ihn zu Dingen motivieren können, wie Sie mit seiner Angst umgehen. Und zugleich lernen Sie durch die Beobachtung dessen, was die Welpen so miteinander

Tipp

Wenn Sie zu einem Welpentreff gehen, sollten Sie richtig gerüstet sein: Halsband und Leine, Lieblingsspielzeug, klein geschnittenen Käse als Leckerchen und Handtuch für den Welpen; rutschfeste Schuhe, wetter- und reißfeste robuste Kleidung für Sie.
Schauen Sie sich eine Welpenspielgruppe zunächst ohne Ihren Welpen an, um sich ein Bild von deren Qualität zu machen.

treiben sowie durch die Erläuterungen der Übungsleiter, was da zwischen den Hunden abläuft. Wann kann man sie gewähren lassen, wann sollte man eingreifen?
Leider sehen viele Hundebesitzer im Welpentreff eine Art Kindergarten für Hunde nach dem Motto: Ich liefere den Hund da ab und sehe allenfalls zu, wie der mit anderen spielt – oder auch nicht spielt. Aber ein richtig verstandener Welpentreff bedeutet, dass Sie beide sich immer wieder auf dem Gelände miteinander beschäftigen – beim Erkunden des Abenteuerparcours, aber auch beim Ausprobieren kleiner Erziehungsübungen wie z.B. dem

Achtung! Finger weg, wenn:

- **Welpen und halbwüchsige Hunde zusammengewürfelt sind**
- **die Gruppe mehr als 6-8 Hunde pro Übungsleiter umfasst**
- **die Hunde unkontrolliert miteinander toben, ohne dass der Übungsleiter auch mal eingreift – und dann auch den Grund des Eingreifens erklärt –, frei nach dem Motto: »Das regeln die Hunde schon unter sich«**
- **aber auch, wenn jegliche Balgerei sofort im Keim erstickt wird nach dem Motto: »Wir dulden hier keine ‚Aggressionen'«**
- **außer freiem Spiel nichts an Beschäftigung geboten wird**
- **man Ihnen auf Ihre Fragen nicht antworten kann oder will**
- **die beteiligten Hundebesitzer lediglich herumstehen, eine Zigarette rauchen und miteinander quatschen, anstatt sich mit den Hunden zu beschäftigen und sie zu beobachten**
- **keine Kontrolle des Impfpasses erfolgt**

Heranrufen. Wenn Sie nach so einer Welpenstunde immer noch makellos sauber sind, dann haben Sie etwas falsch gemacht. Da Sie mit ihm robben, knutschen und balgen sollten, sehen Sie natürlich mindestens so dreckig aus wie Ihr Welpe.

Teilen Sie Ihren Alltag mit Ihrem Hund

Umweltsichere und gut erzogene Hunde können (fast) überall mit hin

Die meisten Hundebesitzer schließen ihre Hunde von ihrem Alltag außer Haus aus. Man absolviert seine »Pflichtspaziergänge«, ansonsten aber ist der Hund in Haus und Garten. Fährt man zu Besorgungen in die Innenstadt oder will man abends noch auf ein Glas Wein in die Kneipe um die Ecke gehen, bleibt der Hund in der Regel zu Hause – Gleiches gilt für Besuche bei Freunden. Meist steckt dahinter weniger die Rücksichtnahme auf den Hund, sondern die eigene Bequemlichkeit.

Hunde, die auf Lärm, Menschengedränge, ungewohnte Bodenbeläge etc. mit Angst reagieren, sind natürlich unbequem für den Besitzer, wenn dieser mit ihm einen Bummel durch die Stadt machen will. Hunde, die Jogger hetzen oder in jeden Kinderwagen ihre Nase halten müssen, sind natürlich eine Qual, wenn man mit ihnen in einem hoch frequentierten Naherholungsgebiet spazieren gehen will. Hunde, die keine drei Minuten auf einer Stelle liegen können, kann man genauso schlecht zum Essen mit ins Restaurant nehmen wie solche, die den Tisch sofort als ihr Revier ansehen und den nahenden Kellner voller Entschlusskraft daran zu hindern versuchen, in dieses Revier einzudringen. Hunde, die über Tische und Bänke gehen, gerne ihr

kurz und bündig

Es bedarf der Erziehung und Umweltgewöhnung des Hundes, um ihn in den Alltag seiner Menschen voll integrieren zu können.

kurz und bündig

Hier hat zumeist der Besitzer versagt: Erstens dabei, den Hund von klein auf an die stressende Umwelt zu gewöhnen. Zweitens dabei, dem Hund das kleine ABC des Grundgehorsams beizubringen.

Beinchen heben und auch dem Essensklau nicht abgeneigt sind, wird man wohl kaum zum Grillfest bei Freunden mitnehmen wollen.

Es ist also alles eine Frage des Trainings. Viele Hundebesitzer sind dazu schlicht zu faul. Wenn Sie das Ziel haben, Ihren Hund so viel wie möglich in Ihren Alltag zu integrieren, so sollten Sie daran arbeiten, ihn umweltsicher zu machen und Ihre Erziehungsübungen niemals einstellen.

Die nachfolgend beispielhaft aufgeführten gemeinsamen Unternehmungen sollten Sie immer mal wieder mit Ihrem Hund in Angriff nehmen.

Nur um nicht falsch verstanden zu werden: Ich bin nicht der Meinung, dass ein Hund einen Einkaufsbummel auf einem überfüllten Flohmarkt an einem Verkehrsknotenpunkt genießt. In der Regel wird er das Liegen im heimischen Körbchen dieser Form der gemeinsamen »Beschäftigung« vorziehen. Allerdings gibt es auch solche Hunde, denen die Gemeinsamkeit mit ihrem Boss so über alles geht, dass sie auch ein Stadtfest klaglos überstehen.

Andere Beschäftigungen können für Hunde auch stressig sein, zugleich aber auch im positiven Sinne aufregend, wie z.B. ein Besuch in einem Tierpark.

Rat

Was jeder Hund mindestens beherrschen muss:
- **auf Ruf zu kommen**
- **an lockerer Leine gehen**
- **die Bedeutung des Wörtchens »Nein« zu akzeptieren**
- **Sitz und Platz**
- **so lange an einem Platz liegen zu bleiben, bis man ihm erlaubt, diesen zu verlassen**

Rat

Sie werden selber sehen, was Ihrem Hund Spaß macht und was ihn zu sehr stresst. Haben Sie einen Welpen oder jungen Hund, sollten Sie das nachfolgende Gewöhnungsprogramm auf jeden Fall durchziehen. Haben Sie einen älteren Hund, bei dem Sie in der Vergangenheit schon die Erfahrung gemacht haben, dass er z.B. geräuschempfindlich ist oder dem es unwohl wird, wenn ihn zu viele Menschen dicht bedrängen, dann sollten Sie ihn natürlich unter dem Motto des Freizeitspaßes gewiss nicht überallhin mitschleppen.

Ideen für gemeinsame Unternehmungen

- Fahrt mit Bus, Straßenbahn, Bundesbahn
- Besuch auf einem Hauptbahnhof
- Besuch einer Untergrundbahnstation
- Gemeinsame Bootstour
- Fahrstuhlfahren, besonders auch in Glasfahrstühlen
- Gang durch ein großes Kaufhaus
- Bummel durch eine Einkaufsstraße/Einkaufspassage
- Längeres Verweilen auf dem Parkplatz eines großen Supermarktes
- Besuch in einem Tierpark
- Ausflug aufs Land: Kühe, Pferde, Schafe etc. betrachten
- Fahrt durch eine Waschstraße
- Verweilen in einem Straßencafe/im Biergarten mit viel Passantenverkehr
- Mitnahme zu Kneipen-/Restaurantbesuchen
- Freunde, Verwandte, Nachbarn mit einem Besuch beglücken
- Längeres Verweilen in unmittelbarer Nähe eines Kinderspielplatzes zu bevorzugten Kinderspielzeiten
- Besuch eines Freilufttheaters für Kinder
- Besuch von Stadtfesten, Kirmes, Schützenfest, Flohmarkt etc.
- Längeres Verweilen an einem Hauptverkehrsknotenpunkt
- Spazieren in der Nähe eines Schießübungsgeländes
- Überqueren von Brücken jeglicher Größenordnung
- Gemeinsames Zelten
- Gemeinsam schwimmen gehen
- Besuch von Hundefreilaufflächen, bzw. Orten, an denen viele Hunde herumlaufen
- Spaziergang in einem Naherholungsgebiet, in dem man auf viele Radler, Skater, Jogger, Kinderwagen etc. trifft
- Spaziergänge im Grünen an immer wieder wechselnden Orten. Wald, Wiese, Feld, möglichst auch mit Gelegenheit zum Waten oder gar Schwimmen in Bächen.

Vielleicht haben Sie ja noch ganz andere Ideen?

Kommen großzügiger Arbeitgeber und entsprechende Arbeitsbedingungen zusammen, wie z.B. eine Bürotätigkeit, dann kann der Hund, wenn entsprechend erzogen, sogar mit zum Arbeitsplatz. Klar liegt er da auch nur unbeschäftigt herum – aber das ist immer noch besser, als sich zu Hause allein zu langweilen.

kurz und bündig

Fragen Sie sich einfach einmal selbst, in welchem Umfang Sie Ihren Alltag mit dem Hund teilen. Fragen Sie sich, ob Sie ihn aus Rücksicht auf seine seelische oder körperliche Konstitution zu Hause lassen, oder weil Sie einfach zu bequem sind.

Wenn Sie zu dem Ergebnis kommen, dass es Ihrem Hund vielleicht durchaus gefallen könnte, öfter mitgenommen zu werden zu Unternehmungen, dann probieren Sie es doch einfach mal aus.

Urlaub für den Menschen – Knast für den Hund?

Den Hund in seinen Alltag zu integrieren, bedeutet natürlich auch, sich zu überlegen, wie man den Urlaub gestalten kann, sodass Mensch und Hund etwas davon haben.

Für viele Hundehalter stellt sich diese Frage erst gar nicht – fur sie ist klar, dass der Hund dann eben »Ferien« in einer Hundepension macht. Geben Sie Ihre Kinder eigentlich zur Urlaubszeit auch in einer Kinderpension ab, da Kinder die Urlaubsplanung ja so ungemein einschränken?

Wenn Sie ansonsten berufstätig sind, dann genießt der Hund es auch, dass Sie mal den ganzen Tag bei ihm sein können. Vielleicht finden Sie diese Ansicht radikal, aber ich bin der Meinung, dass man mit der Entscheidung, mit einem Hund zu leben, auch eine Verantwortung übernimmt, die in manchen Bereichen eine erhebliche Einschränkung der persönlichen Freiheit bedeutet – und zu dieser sollte man bereit sein. Weiß man von sich, dass man gerne Fernreisen unternimmt oder für Länder schwärmt, in denen Hunde nicht eingeführt werden dürfen, sollte man von Anfang an dafür sorgen, dass der Hund ein gutes

Rat

Wenn Sie ohne Hund in Urlaub fahren, ist es für den Hund die beste Lösung, wenn eine vertraute Betreuungsperson für diese Zeit bei Ihnen einzieht.

Verhältnis zu einem Menschen entwickelt, der ihn im Falle eines Urlaubs auch betreuen würde.

Um den Hund mit in den Urlaub nehmen zu können, bedarf es natürlich der bereits geschilderten Bedingung, dass der Hund umweltsicher und gehorsam ist. Es gibt jedoch Urlaubsformen, die für den Hund alles andere als erholsam sind: Angefangen von möglichen Flugreisen, die für den Hund (es sei denn, er ist klein) den Transport im Laderaum des Flugzeugs bedeuten, über stundenlanges Sonnenbaden am Strand oder das Eingepferchtwerden in enge Hotelkomplexe. Städtetouren mit ganztägigem Besichtigungsprogramm finden wohl auch kaum die Zustimmung eines

Hundes. Ganz anders sieht es aber aus, wenn man den Hund mit zu Bergtouren oder zum Urlaub am Meer mitnimmt, wenn man sich statt für ein Hotel vielleicht für ein Ferienhaus entscheidet, in dem man nicht so viel Rücksicht auf andere Gäste nehmen muss.

Auch Hunde finden Abwechslung toll. Wenn man ehrlich ist, muss man jedoch zugeben, dass die Urlaubsplanung mit Hund für den Hundebesitzer oft erheblichen Verzicht bedeutet: Eben keine Fernreise, keine Reise in heiße Gefilde unternehmen zu können, keine Unterkunft im ausgesuchten Hotel zu bekommen, weil dieses keine Hunde aufnimmt etc. Wenn es für Sie der Inbegriff des Urlaubs ist,

Wir bauen uns unsere eigene Sandburg! Foto: Niepel

sich im Hotel verwöhnen zu lassen, sich tagsüber am Strand zu sonnen und den Abend bzw. die Nacht in einer rauschenden Discofete ausklingen zu lassen – dann ist der Hund zu Hause bei Freunden sicherlich besser aufgehoben.

Tipp

Das Eldorado für Hundehalter ist Dänemark - ein Land mit viel Strand und Meer, an dem Hunde sich noch ungezwungen austoben können.

Tipp

Es gibt spezielle Unterkunftsverzeichnisse für Hundehalter, die nicht nur auflisten, wo Hunde gestattet sind, sondern auch die Hundetauglichkeit der Unterkunft geprüft haben.

Spaziergang als Aktionsprogramm

Wenn Sie bisher gedacht haben, ein Hund sei eben lediglich ein netter Begleiter auf dem Spaziergang, während man so vor sich hin schlendert und dabei die Natur genießt, dann sei Ihnen jetzt dieser Zahn erbarmungslos gezogen. Spazierengehen mit dem Hund sollte eine gemeinsame Aktion sein, bei der Sie sich auf Ihren Hund konzentrieren und mit ihm Abenteuer bestehen. Sie sollten ihm Aufgaben stellen, ihn geistig wie körperlich fordern und dabei niemals einen Zweifel daran lassen, dass Sie ihn sozusagen an der langen inneren Leine führen.

Wenn Sie einen Hund haben, der starke Tendenzen zum Jagen zeigt, bleibt Ihnen gar nichts anderes übrig, als jeden Spaziergang konzentriert als gemeinsame Beschäftigung durchzuführen, sofern Sie Ihren Hund nicht nur an der Leine führen wollen.

Doch so sieht der Spaziergang des normalen Hundehalters aus: Man geht/fährt zu einem Areal, wo man den Hund laufen lassen kann. Vielleicht hat der Hund noch so viel Glück, dass es sich um eine Hundespielwiese handelt und er so zumindest die Freude des Spiels mit Artgenossen genießen kann. Währenddessen stehen die Hundebesitzer dabei, halten vielleicht untereinander einen Plausch – aber eine Kommunikation zwischen ihnen und dem Hund besteht nicht – es sei denn, er wird vielleicht zu ruppig im Spiel, oder er blafft einen anderen Hund an.

Meist sehen Spaziergänge so aus, dass der Besitzer den Hund ableint, sobald die Luft rein ist, und dann passiert – nichts (von all den armen Kreaturen, die ausschließlich an der Leine geführt werden, will ich hier erst gar nicht reden). Der Hund liest die Hundezeitung, rennt sich aus, jagt vielleicht mit mehr oder minder großer Ausdauer hinter Beutetieren her. Er holt sich vielleicht einen Stock, vielleicht kaut er nur darauf herum, vielleicht schleppt er ihn auch zu Ihnen hin und möchte ihn geworfen bekommen.

Tipp

Verzichten Sie auf das Werfen von Stöcken – beim Zurückbringen hat sich schon so mancher Hund durch absplitterndes Holz oder durch Hineinrammen des Stockes in seinen Rachen ernsthaft verletzt.

Ansprache erhält der Hund in der Regel dann, wenn man ihn daran hindern will, etwas zu tun: z.B. den Rest Currywurst vom Boden zu fressen, sich in einem toten Vogel zu wälzen, eine Geschwindigkeitsüberprüfung eines Radfahrers vorzunehmen, auszuprobieren, ob man die sich ängstlich an den Zaun drückende Oma vielleicht mit ein bisschen Gebell erschrecken kann, bei der Begegnung mit anderen Artgenossen mal die Muskeln spielen zu lassen. Ob die Rufe und Verbotskommandos dabei erfolgreich sind, steht dabei noch auf einem anderen Blatt. Wenn wir so wie eben beschrieben mit unserem Hund spazieren gehen, dürfen wir uns nicht wundern, dass er sich ganz und gar den vielen, vielen Reizen der Umgebung zuwendet – anstatt auf uns zu achten. Wir sind doch nur langweilige Anhängsel, von denen kein Spaß ausgeht, allenfalls blöde Verbotskommandos.

Viele Hundehalter klagen, dass ihr Hund draußen sehr viel Probleme bereite, sich in manchen Situationen überhaupt nicht lenken lasse, während er in heimischen Gefilden eigentlich ganz brav sei.

Woran mag das nur liegen?

Erstens ist es natürlich eine Frage des generellen Gehorsams, ob sich ein Hund zurückrufen lässt, obwohl er gar zu gern zum nächsten Pferdeapfel rennen und herzhaft hineinbeißen würde.

Zweitens ist die Außenwelt natürlich voller interessanter Reize, die einfach mehr Anlass für »Ungehorsam« bieten als das heimische Revier. Aber da sind wir genau am zentralen Punkt angekommen:

Spaziergänge sind für die meisten Hunde in der Regel die Höhepunkte des Tages. Endlich ist der Besitzer von der Arbeit nach Haus gekommen, die Zeit des Herumliegens ist vorbei, es geht endlich hinaus. In der Wohnung gibt es kaum noch etwas zu entdecken und richtig austoben kann man sich in den wenigsten Gärten, geschweige denn in der Mietwohnung. Also brennt der Hund vor Lust auf Aktion – und die müssen Sie ihm nun bieten.

Rat

Sie sollten die Spaziergänge mit Ihrem Hund so gestalten, dass Sie für ihn eine höchst interessante Quelle der Beschäftigung sind, die es mit den konkurrierenden Umgebungsreizen aufnehmen kann.

Denken Sie an ein Wolfsrudel. Wölfe liegen viel Zeit am Tag faul und vollgefressen bei ihrem Höhlenkomplex herum, bis das Alphatier der Meinung ist, man müsse mal wieder zur Jagd aufbrechen. Und dann macht sich das gesamte Rudel auf die Jagd, wobei jedes Mitglied bestimmte Aufgaben zu erfüllen hat. Hat man dann ein Beutetier gemeinsam erlegt, wird es an Ort und Stelle verspeist. Reste werden mit zum Lagerplatz geschleppt; falls Welpen da sind, trägt man natürlich für sie das Fressen nach Hause.

Stellen Sie sich nun einfach vor, dass Sie mit Ihrem Hund auch zur Jagd gehen. Sie als der Boss bestimmen: Schluss mit der Faulenzerei, jetzt entfernen wir uns von zu Hause. Und nun gilt es, sich das Fressen zu erarbeiten. Nun sollen Sie sich natürlich nicht mit Ihrem Hund auf die Lauer nach Kaninchen legen oder es toll finden, wenn Ihr Hund nach Lust und Laune wildert. Aber was spricht dagegen, ihm gewisse Dinge abzuverlangen, für die er dann mit einem Futterbrocken belohnt wird? Und dieser Futterbrocken ist nun kein Frischfleisch (nicht, dass Sie den Vergleich mit der Wolfsjagd zu wörtlich nehmen), sondern Sie nehmen einfach das Trockenfutter Ihres Hundes mit auf den Spaziergang – und er muss sich Brocken für Brocken erarbeiten.

Sollten Sie kein Trockenfutter geben, reduzieren Sie seine Tagesration und nehmen Hundeleckerchen mit auf den Spaziergang. Denken Sie dabei auch an eine ausreichende Versorgung mit Wasser!

Wann und wofür der Hund einen Futterbrocken erhält, bestimmen Sie. Es bietet sich natürlich an, ihn für das Kommen auf Ruf, aber auch für das selbstständige Zurückkommen zu Ihnen zu belohnen. Sie können ihm typische Gehorsamsübungen abverlangen wie Sitz, Platz, Bleib etc. Doch was Sie genauso gut machen können, sind die Tricks/Beschäftigungsmöglichkeiten, die ich Ihnen in Kapitel IV schildern werde, auf dem Spaziergang einzubauen.

kurz und bündig

Das Füttern auf dem Spaziergang für geleistete Arbeit ist wesentlich artgerechter, als dem Hund zu Hause für bloßes Nichtstun einen voll gefüllten Fressnapf vor die Nase zu stellen.

Nehmen Sie das absolute Lieblingsspielzeug Ihres Hundes mit auf den Spaziergang und spielen Sie mit ihm, wann Sie das wollen – und hören Sie auch auf, wann Sie das wollen und nicht, wenn er die Lust verliert.

Man deponiert das Spielzeug zu Hause an einer Stelle, wo es der Hund zwar sehen, aber nicht erreichen kann. Gut sichtbar für den Hund wird es zu Beginn des Spaziergangs eingesteckt, sodass er genau weiß: Mein Spielzeug kommt mit und wir spielen damit, wenn ich brav bin – z.B. auf Ruf sofort zurückgerannt komme.

Tipp

Es ist immer von Vorteil, wenn man mindestens ein Spielobjekt hat, das dem Hund nicht ständig zur Verfügung steht, sondern mit dem er nur auf dem Spaziergang spielen darf – so behält dieses Spielobjekt einen ganz besonderen Reiz.

Die Natur bietet schließlich häufig Gelegenheiten zu besonderen Aktionen: Man kann über einen Bach springen oder gemeinsam hindurchwaten; oder vielleicht führt eine schmale Planke hinüber, auf der man balancieren kann. Um Bäume kann man Kreise und Slalom laufen, gefällte Bäume kann man zum Springtraining oder Balancieren nutzen.

Die meisten Hunde ödet es an, auf einem schnurgeraden Weg zu laufen. Sprinten Sie mal einen Abhang hinauf, eine Böschung hinunter, schlagen Sie sich durch unwegsames Gelände (natürlich nicht tief in den Wald hinein. Und natürlich sollten Sie auch nicht dann das Indianerrobben durch ein hohes

Feld praktizieren, wenn die Setzzeit der Kitze ist etc.).
Wenn Sie ein Spazierareal bevorzugen, so gewöhnen Sie sich zumindest an, dieses nicht immer in der gleichen Richtung und der gleichen Abfolge von Seitenwegen zu durchschreiten. Machen Sie auf einem schnurgeraden Weg, der beispielsweise zu einer beliebten Stelle für den Hund führt (wie ein Planschteich), einfach kehrt und gehen Sie zurück, ohne ein Wort zum Hund zu sagen. Nicht Sie sind es, die dem Hund ständig Zeichen geben sollten nach dem Motto: »Hallo hier bin ich, jetzt drehen wir um, jetzt biege ich nach links ab« etc., sondern Sie machen einfach schweigend Ihre Richtungswechsel, die für Ihren Hund ruhig verwirrend sein sollten. Ebenso verschwinden Sie ganz plötzlich mal in einem Graben oder hinter einem Baum. Der Hund wird dadurch trainiert, aufmerksam immer darauf zu achten, wo Sie gerade sind.

So beschäftigte Hunde sind erstens nicht so darauf gepolt, sich aus Langeweile Beschäftigungen suchen zu müssen. Zweitens haben Sie mit Ihrem Versuch, Ihren Hund in einer brenzligen Situation zurückzurufen, wesentlich mehr Aussicht auf Erfolg, weil der Hund Ihren Ruf mit der Erwartung verbindet: Oh, jetzt machen wir etwas Tolles, es gibt etwas zu fressen etc.

Rat

Nach diesem Muster ausgerichtete Spaziergänge bringen dem Hund nicht nur bessere körperliche wie geistige Aus-lastung, sondern erleichtern auch die Kontrolle über den Hund – gerade in brenzligen Situationen.

Zum Abschluss noch ein Wort an all die, die mehr als einen Hund halten:
Freie Spaziergänge mit mehr als einem Hund sind noch anspruchsvoller, als solche mit nur einem. Denn bereits zwei Hunde bilden ein Rudel, das sich häufig anders verhält, als ein einzelnes Tier.
Dies gilt insbesondere bei Begegnungen mit Artgenossen, bei denen sich das Doppel- oder gar Mehrfachpack besonders stark fühlt. Wenn dann auch noch ein Rüde mit »seiner« Hündin unterwegs ist oder eine Mama mit ihrem Welpen, kann es besonders brenzlig werden. Hetzt ein Hund hinter einem Beuteobjekt her, schließt sich der andere in der Regel sofort an. Da müssen Sie Ihre Hunde gehorsamsmäßig

schon sehr unter Kontrolle haben, um diese Risiken einzugehen.

Aber noch ein weiterer Grund spricht dafür, mit jedem einzelnen Hund auch allein spazieren zu gehen: Es ist kaum möglich, gleichzeitig zwei Hunde vernünftig zu beschäftigen. Und auch Hunde, die gerne miteinander unterwegs sind, genießen es, wenn sie mal ganz allein mit ihrem Besitzer spazieren gehen und ihre Übungen machen. Natürlich kostet das Zeit.

Dieses Plädoyer für einen aktiven Spaziergang sollte jedoch nicht in der Richtung missverstanden werden, dass Sie Ihren Hund draußen nun nonstop beschäftigen. Auch wenn Sie dafür die Zeit und Energie aufbrächten – toll wäre das für den Hund auch nicht. Er braucht es genauso, mal vor sich hin zu schnüffeln, sich mit anderen Hunden zu treffen, entspannt im kühlen Gras zu wälzen oder im nächsten Teich vergnügt zu planschen. Es kommt auf die ausgewogene Mischung an!

Wenn Sie mit zwei Hunden leben, hat jeder Hund mehr davon, wenn Sie mit ihm eine halbe Stunde einen konzentrierten Beschäftigungsgang der geschilderten Art machen, als wenn Sie mit beiden eine Stunde lang gehen und die Hunde so vor sich hin laufen lassen.

Sportlich, sportlich – Joggen, Radfahren, Wandern, Reiten

Neben den bereits geschilderten Möglichkeiten der gemeinsamen Freizeitgestaltung mit dem Hund gibt es noch jene, die eher in den sportlichen Bereich fallen. Nun eignen sich Hunde natürlich nicht für die angesagten Sportarten wie Free Style Climbing, Bungeespringen, Windsurfen oder Skaten. Aber die alten, traditionellen sportlichen Betätigungen des Menschen wie Radfahren, Joggen, Wandern oder auch Reiten sind durchaus für viele Hunde eine schöne Sache.

Joggen

Gemächliches Joggen kommt der natürlichen Bewegungsgeschwindigkeit eines Hundes viel eher entgegen als unser normales Spaziergangstempo – Gleiches gilt für den flotten Wanderschritt. So, wie sich Joggen und Wandern für den Menschen auf weichen Böden empfiehlt, so gilt dies auch für Hunde. Ständiges Joggen auf (eventuell noch heißem) Asphalt ist ihnen weder angenehm, noch besonders gelenkschonend.

Auch sollte klar sein, dass ein kurzbeiniger Dackel natürlich nicht so mitjoggen kann wie ein Malinois. Wenn Sie gewöhnlich so Ihre 15 km pro Tag locker herunterjoggen,

Tipp

Es gibt für joggende Hundehalter Bauchgurte, an denen der Hund angeschnallt werden kann, sodass Sie die Leine nicht in der Hand halten müssen. Aber Vorsicht: Sie haben so nicht die Möglichkeit, sofort loszulassen, falls sich die Notwendigkeit ergibt.

sollten Sie sich nun nicht einfach kurz entschlossen Ihren Hund schnappen und erwarten, dass er von jetzt auf gleich diese Strecke in schnellem Tempo mithalten kann. Auch Hunde brauchen ein schrittweises Ausdauertraining. Ferner erfordert es in der Regel auch einige erzieherische Anstrengungen, den Hund ans kontrollierte Joggen im Tempo des Menschen zu gewöhnen. Viele lauffreudige Hunde sind so begeistert, dass ihr Besitzer endlich mal schneller läuft, dass sie – sofern sie frei sind – viel zu weit nach vorne weg sprinten oder, falls sie angeleint mitjoggen, sich so kräftig in die Leine legen, dass der joggende menschliche Kumpan nach kürzester Zeit Schulterschmerzen und Seitenstiche bekommt.

Wandern

Wanderungen sind aufgrund der normalerweise schnelleren Schrittgeschwindigkeit als beim Spaziergang eine schöne Beschäftigung des Hundes. Wanderer lieben in der Regel die Natur, wollen immer mal wieder neue, reizvolle Landschaften entdecken und suchen sich Strecken fernab von Lärm und Hektik – das alles kommt dem Hund natürlich entgegen.

Da man auf Wanderungen länger unterwegs ist als bei einem normalen Spaziergang, schleppt man in der Regel so einiges mit – z.B. Verpflegung. Da bietet sich dann gleich noch ein schönes Betätigungsfeld für mittelgroße und große, eher kräf-

Tipp

Viele Hunde, die dem Jagen nicht gänzlich abgeneigt sind, können durch das Tragen von Packtaschen (die links und rechts am Rumpf getragen werden) nicht selten wirkungsvoll ausgebremst und am Hinterherhetzen gehindert werden. Mit Taschen beschwert lässt es sich erstens schwerer vorankommen und zweitens bleibt man schnell im dichten Gestrüpp hängen!

tige Hunde an: Es gibt Packtaschen für Hunde, in denen man z.B. deren Futter, Napf und Wasser, oder auch eine Wanderkarte etc. verstauen kann. Behutsam an das Tragen dieser Taschen gewöhnt, finden viele Hunde ihre wichtige Aufgabe ganz toll und laufen stolz mit ihren Taschen daher.

Mit auf Tour in der Hohen Tatra. Foto: Welz

Radfahren

Auch beim Radfahren genießen viele Hunde, ähnlich wie beim Joggen, sehr schnell den Geschwindigkeitsrausch und rasen los. Auf dem Fahrrad ist so ein unkontrolliertes Gasgeben noch gefährlicher, als wenn man zu Fuß unterwegs ist, da der Hund Sie natürlich sehr schnell vom Rad gezogen hat, sofern Sie ihn angeleint mitführen.

Es bedarf des Trainings, in welchem dem Hund vermittelt wird, dass erstens Sie das Tempo bestimmen, dass zweitens Sie derjenige sind, der das Anhalten bestimmt und dass der Hund stets parallel zum Rad zu laufen hat. Auch ist es bei manchen Hunden vonnöten, sie davon zu überzeugen, dass die sich so schön drehenden Räder tabu sind und man nicht hineinbeißen darf.

Radfahren mit dem Hund hört sich so schön an, ist aber nur mit wirklich gehorsamen Hunden möglich, die an der Leine brav im Tempo des Radlers parallel zum Rad laufen, bzw. die sich frei laufend nie weit entfernen, auf Zuruf sofort kommen und die keinerlei jagdliche Neigungen zeigen.

Nun gibt es Hundehalter, die – aus Unwissenheit oder Bequemlichkeit – das Ausführen ihres Hundes grundsätzlich nur angeleint am Rad unternehmen. Man hat so die Pflichtrunde schneller hinter sich, braucht auch nicht selber zu laufen. Aber so sehr vielen Hunden das temporeichere Laufen am Rad auch Spaß macht – sie brauchen auch Gelegenheit, zu schnüffeln, zu erkunden und zu pausieren, mit Hunden zu spielen etc. Hunde, die einen sehr starken Laufdrang haben, wie z.B. Huskys, profitieren von diesem Radtraining im Hinblick auf eine bessere körperliche Auslastung – ein Berner Sennenhund kann getrost darauf verzichten.

Auch sollte man nicht vorschnell denken, dass größere Hunde per se besser geeignet sind, weil sie länge-

Tipp

Es gibt den so genannten »Springer«, ein am Rad angebrachter Halter mit einer Sprungfeder, an dem der Hund angeleint werden kann, sodass Sie die Hände frei haben. Aber Vorsicht: Wenn Sie die eingebauten Sicherheitsstücke nicht benutzen (weil diese nämlich ein ganz einfaches Sichlosreißen des Hundes ermöglichen), fliegen Sie ganz schnell auf die Nase, wenn Ihr Hund plötzlich ausbricht – z.B. weil er sich erschreckt!

Mutig, mutig: Gleich zwei Springer an einem Rad. Foto: Niepel

re Beine haben und weiter ausgreifend laufen können. Jeder Jack Russel Terrier wird so manchen großen, schweren Hund in seiner Energie am Rad um einiges übertreffen.

Radfahren mit dem Hund meint keinesfalls Geschwindigkeitsrennen. Der Hund sollte im leichten Trab laufen können und nicht zum Dauergalopp gezwungen sein – das gilt übrigens genauso für das Joggen.

Vorsichtige Kontaktaufnahme. Foto: Niepel

Reiten

Für den gemeinsamen Ausritt gelten ähnliche Anforderungen wie für das Radfahren, was die Führigkeit des Hundes betrifft. Da Reiten normalerweise in der freien Natur erfolgt und der Hund in der Regel Sie und Ihr Pferd frei begleitet, muss es mit dem Gehorsam stimmen: Er muss auf Zuruf hin sofort zu Ihnen kommen und darf nicht jagen. Ferner bedarf es eines behutsamen Gewöhnungsprozesses an das Pferd. Nicht wenigen Hunden sind Pferde ziemlich unheimlich. Am besten sollte die Gewöhnung eines Hundes an ein Pferd mit einem Pferd geübt werden, das Hunde kennt, an diese gewöhnt ist und sich daher nicht nervös verhält und gar den sich nähernden Hund tritt. Nach einer solch schmerzhaften Erfahrung kann der Hund zu der Entscheidung kommen, dass man sich vor solch riesigen Monstern bitte weit fern hält – und er geht stiften, sobald Sie mit ihm ausreiten wollen.

Rat

Egal ob Joggen, Wandern, Radfahren oder Reiten – pflegen Sie die stark beanspruchten Pfotenballen, indem Sie sie mit Melkfett oder Vaseline eincremen.
Bevor Sie sich mit Ihrem Hund ans Joggen, Radfahren oder Reiten machen, sollten Sie Rücksprache mit Ihrem Tierarzt hinsichtlich der Belastungsfähigkeit Ihres Hundes halten – was konditionelle Aspekte, aber auch die Funktion seines Bewegungsapparates betrifft.
Und: Pausen nicht vergessen!

Der Nase eine Aufgabe

Neben der eigentlichen Fährtenarbeit, die im Kapitel V dargestellt wird, kann man natürlich mit seinem Hund auch Suchspiele veranstalten, bei denen er seine Nase einsetzen kann.
Das Prinzip ist dabei immer das gleiche: Sie zeigen dem Hund zunächst das, was Sie verstecken wollen, lassen ihn dann anfangs zusehen, wo in etwa Sie es hinlegen und gehen dann zusammen mit ihm in die richtige Richtung. Zeigt er Suchverhalten, wird er dafür verbal mit »Fein such« belohnt, auch wenn er zunächst in die falsche Richtung sucht. Verzettelt er sich und ist verwirrt, geben Sie ihm eine Hilfe, indem Sie ihn in die richtige Richtung locken, das Sofakissen z.B. etwas anheben. Hat er es gefunden, brechen Sie in Begeisterungsgejuchze aus und loben kräftig, dann gibt es noch die Belohnung.
Anfangs verstecken Sie das, was Ihr Hund gern finden würde wie z.B. sein Lieblingsspielzeug oder ein Schweinsohr. In dem Fall ist das versteckte Objekt zugleich die Belohnung. Sucht er zuverlässig, verstecken Sie andere Dinge, die nach Ihnen selbst riechen. Hat der Hund sie gefunden, bekommt er dann die Belohnung, die ihn am meisten freut.
Sie steigern den Schwierigkeitsgrad dadurch, dass Sie ihn nicht mehr zugucken lassen und natürlich die Verstecke immer schwieriger gestalten. Wenn Sie dazu übergehen, dass er »menschliches Zubehör« suchen soll, so wählen Sie anfangs Materialien, die den menschlichen Geruch gut aufnehmen (z.B. eine Baseballmütze), später erst Dinge wie den Schlüsselbund.

»Geruchsidentifikation«
Die Krönung schließlich ist, wenn Sie Ihren Hund dazu bringen, unter

Ich hab dich!
Foto: Niepel

identischen Gegenständen den herauszufinden, der Ihnen gehört. Es liegen also z.B. sechs identische schwarze Socken da und nur eine ist von Ihnen. Ihr Hund soll diese finden – und vielleicht sogar noch bringen.

Um das zu üben, kann man z.B. ein neues Betttuch opfern. Ja, Sie haben richtig gelesen. Sie zerschneiden ein Betttuch in lauter ca. 20 mal 20 cm große Quadrate. Eines dieser Stofftücher tragen Sie dann einige Zeit am Körper mit sich herum, die anderen fassen Sie nur noch mit der Kneifzange an, sodass sie keinen Geruch von Ihnen annehmen können. Dann legen Sie sämtliche Tücher auf einem Boden aus, der möglichst von sich aus nicht so intensiv riechen sollte. Sie gehen mit dem Hund zu dieser Tücherlandschaft und fordern ihn mit »such meins« auf. Wenn er mit seiner Nase an dem Tuch verharrt, das Sie so ausgiebig an Ihrem Körper getragen haben, loben Sie ihn ganz überschwänglich, und es gibt eine tolle Belohnung. Später steigern Sie die Anforderung dadurch, dass er beim Auslegen nicht mehr zusehen darf und dass Sie Gegenstände verwenden, die den Geruch nicht so intensiv annehmen.

Beispiele für Suchspiele

- Sich selber verstecken – sei es in der Wohnung oder im Freien
- in leere Filmdöschen einige Löcher bohren, die Dose mit Katzenbreckies füllen und verstecken
- Leckerchen auf dem Boden auslegen und diese suchen lassen
- Mehrere umgekehrte Plastikschüsseln auf den Boden stellen, unter einer ein Leckerchen verstecken, der Hund muss die richtige Schüssel finden
- Leckerchen/Spielzeug gezielt verstecken (hinter Sofakissen, unter Schränken, in der Duschwanne etc.)
- Pappkarton mit Zeitungspapierknäueln füllen und darin ein Schweinsohr etc. verbuddeln
- Auf dem Spaziergang Dinge fallen lassen, die nach Ihnen riechen – ein Handschuh, eine Socke, ein Stück Stoff. Beherrscht der Hund das Apportieren, kann man da eine wunderbare Verbindung trainieren, indem man den Hund auffordert, verloren gegangene Gegenstände zurückzubringen.
- Ebenfalls geeignet für gute Apportierhunde ist die Übung, den Hund aufzufordern, z.B. die Oma zu suchen, um ihr die Brille zu bringen.

Das richtige gefunden!
Foto: Niepel

Apportieren – nicht nur Retriever lieben es

Apportieren bedeutet streng genommen: etwas auf entsprechenden Befehl hin zu suchen, zu holen, es sofort auf direktem und schnellstem Weg unversehrt dem zu bringen, der den Hund auf die Suche geschickt hat, und auf Befehl auszulassen. Der Hund muss also mehrere Dinge beherrschen: in eine angewiesene Richtung zu laufen, etwas aufzunehmen (was ihn vielleicht nicht interessiert oder was er sogar ungern im Fang hält wie Metallgegenstände), dieses Objekt im Fang zu behalten, ohne es zwischendurch zu verlieren oder darauf herumzukauen, es zu seinem Menschen zu bringen und da brav abzuliefern – auch wenn es die heiß geliebte Beißwurst ist. Über das Apportieren allein kann man ganze Bücher schreiben – aber hier muss ich mich kurz fassen. Deshalb nur so viel als Anregung: Apportieren kann weit über das »einfache« Zurückbringen eines Balles hinausgehen. Sie können z.B.:

• Spielzeuge mit unterschiedlichen Namen benennen und Ihren Hund auffordern, gezielt den Ball, das Quietschtier, die Gummihantel etc. aus der Spielzeugkiste zu holen.

• Gleiches gilt für Gegenstände des täglichen Gebrauchs: sich den Futternapf bringen zu lassen oder die Leine.

• Sie können ihm zeigen, Spielzeug/Gegenstände nicht nur zu Ihnen zu bringen, sondern an einen bestimmten Ort: z.B. das Hundespielzeug wieder in die Kiste räumen, den Napf in die Küche bringen etc.

• Lassen Sie sich beim Einkauf helfen: Ihr Hund kann die Brötchentüte nach Hause bringen oder die Einkäufe vom Auto bis zur Haustür etc.

Wer das Prüfungsapportieren beherrschen will, der muss natürlich viel an Exaktheit trainieren wie z.B. das so genannte »Nichtknautschen« eines Gegenstandes und das ruhige Vorsitzen.

Wem es einfach nur um die Beschäftigungsmöglichkeit geht, dem darf es genügen, dass der Hund einen benannten Gegenstand sofort holt und dann auch auf entsprechendes Zeichen wieder hergibt. Trotzdem ist es auch für »Nichtprüfungsinteressierte« keine schlechte Übung, wenn der Hund z.B. erst absitzen und zugucken muss, wie ein Ball geworfen wird und ihn erst auf entsprechendes Zeichen holen darf, oder wenn er mitten im Nachjagen plötzlich den »Platz«-Befehl erhält und erst nach einer Wartephase weiter zum Ball laufen darf.

Trainieren Sie von Anfang an das Ausgeben. Verfallen Sie dabei nicht in den Fehler, am Gegenstand, den

Tipp

Bei den gewählten Apportiergegenständen sollten Sie nach folgendem Prinzip vorgehen:

• von für den Hund interessanten Dingen (z.B. sein Spielzeug) hin zu uninteressanten

• vom leichten zum schweren (lieber eine Tüte Brötchen als ein Netz Kartoffeln)

• vom mittelgroßen zum kleinen oder großen (erst die Zigarettenpackung, dann die Streich holzschachtel oder die Cornflakespackung)

• vom für den Hund angenehmen Material wie Gummi, Jute, Stoff, Holz zu eher unangenehmem Material wie Plastik oder gar Metall.

Also: erst der Quietschigel und die Beißwurst, dann die Plastikhantel oder der Schlüsselbund.

der Hund im Fang hält, zu zerren – der Hund begreift das eher als eine spielerische Beutestreitigkeit und wird umso stärker zufassen. Sehr wirksam ist das Angebot einer Ersatzbeute. Der Hund hat einen Ball, Sie halten ihm einen anderen hin. Hunde sind da wie Kinder – was der andere hat, ist immer besser als das, was man selber hat. Also versucht er, diesen Ball auch noch zu bekommen – und lässt den anderen fallen. In genau diesem Moment sagen Sie »Aus«. Sie loben ihn und geben ihm sein ursprüngliches Bällchen wieder. Wenn Sie dies häufig wiederholen, begreift der Hund die Bedeutung des Wörtchens »Aus« und er lernt, dass das Spiel sofort weitergeht, wenn er den Gegenstand bloß auslässt.

Tipp

Holen Sie niemals einen geworfenen Apportiergegenstand zurück, den der Hund entweder gar nicht holen wollte oder Ihnen drei Meter entfernt vor die Füße wirft, um dann weiter mit ihm zu spielen – denn so lernt er, dass er nicht bis zu Ihnen hinlaufen muss, damit das Spiel weitergeht. Nichtbringen heißt: Ende vom Spiel.

Man muss ehrlich zugestehen, dass es sehr große Unterschiede in der Apportierfreudigkeit verschiedener Rassen gibt. Viele Hunde können nur durch die Anwendung von Zwangsmethoden zum Apportieren gebracht werden – da muss jeder Hundehalter für sich eine Kosten-Nutzen-Abwägung betreiben, ob er das möchte. Wenn Sie einen apportierfreudigen Welpen/Hund haben (der ständig Sachen aufsammelt und stolz mit sich herum trägt oder – als Krönung – sogar gleich zu Ihnen schleppt), dann tun Sie gut daran, diese Freude schon frühzeitig spielerisch zu fördern, indem Sie ihn für das Tragen und Bringen loben. Bringt er Ihnen etwas, was Sie lieber nicht apportiert sähen – wie z.B. Ihre feinen Lederschuhe –, sollten Sie ihn nicht strafen, sondern ihm eine Ersatzbeute geben, wenn Sie ihm die Schuhe abnehmen.

Für manche Hunde ist der Akt des Apportierens an sich das Größte und enorm befriedigend, andere apportieren mit der Aussicht auf eine dann folgende Belohnung: Wenn sie auf Befehl den Ball bringen, wird mit ihnen gespielt, wenn sie auf Befehl den Futternapf bringen, gibt es etwas zu fressen etc.

Man kann Hunden sogar beibrin-

Ich apportiere sogar echte Bockwürste! Foto: Niepel

gen, köstliche Bockwürstchen heil bis zum Besitzer zu bringen – vorausgesetzt, der Hund hat konsequent die Erfahrung gemacht, dass er dieses Würstchen auch verspeisen darf, wenn er es ordnungsgemäß abgeliefert hat. Das ist aber nun wirklich die Krone des Apportierens – verzweifeln Sie nicht, wenn Ihr Hund sich zwar zur Wurst schicken lässt, diese auch aufnimmt – aber mit leerem Fang bei Ihnen ankommt!

Lasten ziehen oder tragen

Heute wieder mehr in Mode kommt eine Beschäftigungsart, die auf ein ursprüngliches Arbeitsgebiet der Hunde zurückgeht: Das Lastenziehen.

Zughunde

Das Karrenziehen war in früheren Zeiten eine häufige Arbeitsform von Hunden. Bis zur Mitte dieses Jahrhunderts war es nicht unbedingt ungewöhnlich, auf Bauern zu treffen, die einen Hund dabei hatten, der für sie eine beladene Karre zog.

Die Technisierung des Alltags machte den Einsatz von Zughunden immer mehr zunichte und so wird heute wohl jeder eher staunen, wenn ihm ein großer Hund entgegenkommt, der eine Karre hinter sich herzieht.

Besonders in der Schweiz jedoch lebt das Karrenziehen als Freizeitbeschäftigung mit dem Hund wieder auf, und es gibt sogar so genannte Zughundwettbewerbe, bei denen ein- oder zweispännig gestartet wird und ein regelrechter Parcours gemeistert werden muss.

Aber auch wer nicht gleich an Wettbewerbe denkt, kann vielleicht im Karrenziehen eine Aufgabe für seinen Hund erkennen – sei es, das Kleinkind beim gemeinsamen Spaziergang ein wenig in der Karre zu kutschieren, oder Altpapier zum Container zu bringen. Nur sollte niemand meinen, man könne mal eben einen Bollerwagen nehmen, eine Leine am Halsband des Hundes befestigen und dann geht's los. Es müssen schon spezielle Wagen und Zuggeschirre sein. Zunächst muss der Hund ans Geschirr gewöhnt werden, dann an den Wagen. Anfangs darf nicht auf einer Gefällestrecke geübt werden. Der Hund muss nicht nur lernen, immer schön geradeaus nach vorne zu ziehen – sondern auch auf Befehl anzuhalten, bzw. auf einer abfallenden Strecke die Karre auszubremsen. Was auf den ersten Blick so kinderleicht aussieht, erfordert eine Menge Training.

Rat

Es empfiehlt sich wirklich, sich an einen Fachmann zu wenden, der Erfahrung damit hat. Ansprechpartner sind hier sicherlich die Schweizer Sennenhundvereine, die die Tradition des Karrenziehens noch am ehesten pflegen und entsprechende Hilfestellungen geben können.

Manche Leute denken nun, das sei die reinste Tierquälerei, ein Hundehalter sei beispielsweise einfach zu bequem, sein Altpapier selber zu schleppen. Wer aber mal die Hunde mit Feuereifer bei ihrer Arbeit beobachtet hat, der wird diese Kritik in Frage stellen. Es ist – wie wohl überall – eine Frage des richtigen Maßes: Wo hört der Spaß für den Hund auf und wo beginnt die körperliche Überlastung des Tieres?

Genau diese Frage stellt sich bei einer anderen Form des Ziehens: Schlittenhunderennen.

Schlittenhunde

Wer hat nicht schon Berichte gesehen, in denen Schlittenhundgespanne ihren so genannten Musher in atemberaubender Geschwindigkeit und über zig Kilometer hinweg durch Schnee und Eis ziehen? Diese Art der Beschäftigung hat sich als ein harter Wettkampfsport etabliert, bei dem es eine gewisse Frontenbildung zwischen Befürwortern und Gegnern gibt. Die Befürworter weisen darauf hin, dass ihre Hunde, z.B. Huskys, we-

Fahrt mit dem Sacco-Cart. Foto: Niepel

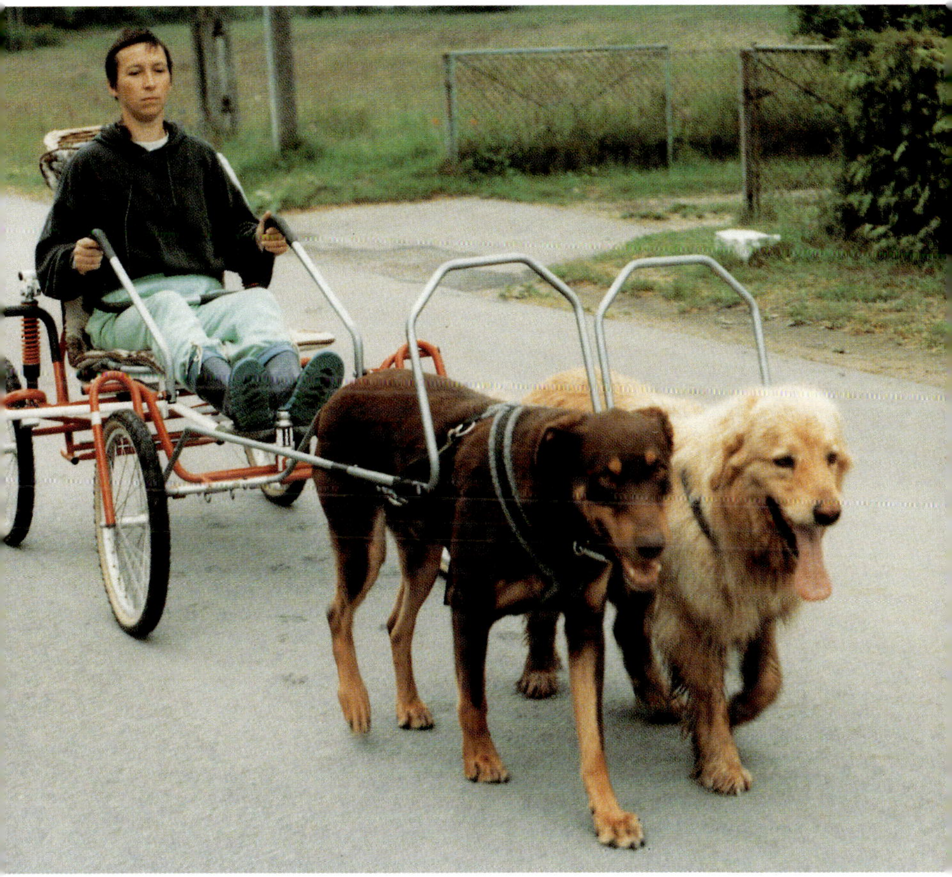

nigstens ihren Bedürfnissen entsprechend beschäftigt werden und ihrem extremen Laufbedürfnis frönen können, anstatt als Sofa- und Flexileinenhunde zu verkommen. Gegner kritisieren, dass aus Wettbewerbsdenken, in dem zudem noch finanzielle Aspekte eine Rolle spielen, die Hunde überlastet werden, bzw. dass die für diesen Sport erforderliche Mehrhundehaltung oft in Zustände ausartet, in denen die Menge von Hunden außerhalb ihres Renntrainings in Zwingern verkümmern.

Nun gibt es in Mitteleuropa keinen dauernden Schnee – zumindest nicht auf halbwegs ebenen Strecken. Also ist man auf die Idee gekommen, ein Gefährt zu bauen, das Räder hat – unter dem Namen »Sacco-Cart« bekannt. Der Mensch sitzt in einer Art großem Gokart und wird von einem oder zwei Hunden gezogen. Dem Menschen fällt nur noch die Aufgabe des Lenkens zu. Auch hier stellt sich natürlich die Frage, wie viel Gewicht ein Hund unbeschadet ziehen kann.

Wenn Sie einen Hund haben, der zur Gruppe jener Hunde gehört, die früher als Zughunde eingesetzt worden sind, und probieren möchten, ob das eine Form der Beschäftigung für Ihren Hund wäre, sollten Sie zweierlei tun: Erstens Ihren Tierarzt konsultieren und ihn um seine Einschätzung bitten, wie belastungsfähig Ihr Hund ist. Zweitens sollten Sie sich an solche Vereinigungen wenden, die diese Form der Beschäftigung pflegen, um sich dort fachkundigen Rat zu holen. Unter Anleitung probieren Sie aus, ob Ihr Hund Spaß an dieser Aufgabe findet.

kurz und bündig

Egal ob es sich um Karrenziehen zum privaten Spaß, Zughundwettbewerbe, Sacco-Cartfahren zum Vergnügen oder Schlittenhundrennen handelt – letztlich bleibt immer die Frage des richtigen Maßes bestehen.

Lastenträger

Wie im Abschnitt über den Spaziergang als Aktionsprogramm bereits erwähnt, gibt es auch noch die Möglichkeit, sich Packtaschen für den Hund anzuschaffen. Diese sind eine Art Brustgeschirr, an dem links und rechts des Rumpfes Taschen befestigt sind. Es gibt verschiedene Größen und Ausführungen, wobei Sie solche, deren Gurte weich unterfüttert sind, bevorzugen sollten. Besonders bei glatthaarigen Hun-

Packtaschen – eine praktische Sache. Foto: Flörchinger

den müssen Sie darauf achten, dass die Gurte nicht scheuern. Sie müssen den Hund zunächst an die leeren Taschen gewöhnen, bevor Sie diese mit leichten Gewichten füllen. Sie können ihm sein Lieblingsspielzeug hineinlegen, eine Kunststoffwasserflasche, eine Ration Futter etc. Wenn er dann mit seinen Packtaschen vor Ihnen steht, loben Sie ihn so, dass er das Gefühl bekommt, etwas Tolles zu leisten und ganz wichtig zu sein, wenn er seine Taschen trägt. Auf dem gemeinsamen Gang gibt es dann immer mal wieder eine Köstlichkeit aus eben diesen Taschen.

IV: Tricks machen Spaß Von »Totstellen« bis »Schäm dich«

Leider machen viele Hundehalter/Hundesportler eine Trennung zwischen »ernsthafter Unterordnung« und »Zirkustricks«. Sich auf Befehl ins »Platz« zu legen, ist demnach eine ernsthafte Gehorsamsübung, Pfötchen geben dagegen eine Kinderei. Für den Hund existiert jedoch gar kein Unterschied: Er lernt, auf ein bestimmtes Signal (ein Hör- oder Sichtzeichen) eine bestimmte Handlung auszuführen, für die er dann gelobt wird.

Hunde könnten viel mehr lernen, sich mit viel mehr Dingen beschäftigen, viel öfters die so wichtigen kleinen Erfolgserlebnisse haben, wenn wir Hundehalter einfach etwas kreativer wären und uns Sachen ausdenken würden, die wir unseren Hunden beibringen könnten, wobei natürlich die geistigen, seelischen und körperlichen Voraussetzungen des Hundes zu beachten sind. So sollte man z.B. lieber davon Abstand nehmen, einem Bernhardiner das Kriechen beibringen zu wollen, einem Neufundländer das Gehen auf den Hinterläufen, und ein Toypudel muss kein Wägelchen ziehen.

Folgende Ideen sind lediglich als kleiner Anstoß zu betrachten, was man vielleicht mit dem eigenen Hund an Tricks einmal ausprobieren könnte.

Ich möchte Ihnen zunächst einige Ideen für mögliche Beschäftigungen geben, für die Sie keinerlei Zubehör benötigen – außer natürlich dem, was Sie sowieso für Ihren Hund haben (Halsband und Leine, Spielzeug, Leckerchen).

Tricks I: Den Wortschatz erweitern

Bei einer ersten Form von möglichen Tricks bringen Sie Ihrem Hund nicht eigentlich ein neues Verhalten bei, sondern Sie lehren ihn, auf ein bestimmtes Zeichen hin, ein Verhalten zu zeigen, das er ansonsten von sich aus sporadisch zeigt – wie z.B. sich zu schütteln.

Alles, was Sie dazu tun müssen, ist, sich in einem ersten Schritt eine Wörter- und Körperzeichenliste zu machen für die Signale, die Sie Ihrem Hund beibringen möchten. Überlegen Sie sich, welche Verhaltensweisen Ihr Hund häufig von sich aus zeigt und denken Sie sich dafür Namen aus.

Beispiele zur »Wortschatzerweiterung«:

- Hund gähnt: »Müde?«
- Hund streckt sich: »Stretching«
- Hund macht einen Buckel»Hexe«
- Hund reibt sich mit einer Pfote über die Augen: »Schäm dich«
- Hund liegt mit übereinander gekreuzten Pfoten: »Beten«
- Hund kratzt sich: »Flöhchen?«
- Hund leckt sich die Schnauze: »Lecker geschmeckt?«
- Hund leckt sich Pfoten: »Füße putzen«
- Hund dreht sich auf den Rücken, alle Pfoten hoch: »Ergib dich«
- Hund stupst an Ihre Mundwinkel: »Küsschen«
- Hund hebt die rechte Pfote: »Guten Tag«
- Hund hebt die linke Pfote: »Guten Abend«
- Hund fällt auf die Seite: »Schlaf«
- Kopf des liegenden Hundes liegt auf den Vorderpfoten oder zwischen ihnen: »Down«

Im nächsten Schritt sagen Sie immer, wenn Ihr Hund eine bestimmte Verhaltensweise zeigt, sofort das von Ihnen dafür ausgewählte Wort und wiederholen es dann mit einem »Fein ...«, dann gibt es eine Belohnung. Man weiß durch Beobachtung seines Hundes in der Regel, in welchen Situationen er sich z.B. streckt, gähnt, schüttelt, über die Augen streicht und kann dann entsprechend schnell mit dem gewählten Signal reagieren.

Ein Beispiel: Wenn Hunde aus dem Bach kommen und tüchtig nass sind, schütteln sie sich in der Regel. Sie können nun einfach immer, wenn Ihr Hund sich schüttelt, »schütteln« sagen und ihn sofort überschwänglich loben: »Fein schütteln«, dann gibt es ein Leckerchen. Hat der Hund oft genug diese Verknüpfung erlebt, wird er sich auf Ihr bloßes Hörzeichen hin schütteln – was z.B. sehr praktisch ist, wenn Sie ihn mal abduschen müssen und es gerne sähen, wenn Ihr Hund sich noch im Badezimmer kräftig ausschüttelt und nicht erst im Wohnzimmer.

Man bringt also dem Hund nicht ein neues Verhalten bei, sondern belegt Verhaltensweisen, die er von sich aus zeigt, mit einem bestimmten Wort und fordert nach genügend häufiger Verknüpfung den Hund auf, eine bestimmte Verhaltensweise zu zeigen, für die er dann gelobt wird. Das klappt aber nur, wenn Ihr Timing wirklich perfekt ist – Sie müssen das Wort exakt dann sagen, wenn der Hund das Verhalten zeigt. Und Sie müssen natürlich eine Belohnung anbieten, die es dem Hund lohnenswert erscheinen lässt, sich z.B. auf Ihr Hörzeichen hin zu schütteln, obwohl er dafür gar keinen Anlass hat.

Die Wörter, die Sie wählen, sind natürlich völlig willkürlich. Sie sollten nur darauf achten, nicht zu viele Silben zu verwenden und darauf, dass die Hörzeichen für die einzelnen Übungen nicht zu ähnlich lauten. Der Hund erweitert seinen »Wortschatz« – er lernt einfach noch zusätzliche Zeichen, auf die hin er etwas gezielt ausführt.

Nach der verbalen Benennung eines Verhaltens können Sie zudem Sichtzeichen einsetzen. Ihr Hund hat z.B. begriffen, dass er auf »Guten Tag«, die rechte Pfote heben soll. Nun beginnen Sie, wenn Sie »Guten Tag« zu ihm sagen, ihm selber die rechte (oder linke) Hand hinzustrecken. Sie werden schnell merken, dass es bald ausreicht, nur noch die Hand hinzureichen und Ihr Hund wird »Guten Tag« sagen.

Anfangs setzen Sie Hör- und Sichtzeichen ein, dann probieren Sie es ohne das Hörzeichen, dann mal wieder nur mit Hörzeichen etc. So lernt Ihr Hund gleich zwei Formen ein und derselben Übung.

Wie viel Tricks Sie Ihrem Hund auf diese Art und Weise beibringen können, hängt natürlich stark davon ab, welche Verhaltensweisen er häufig von sich aus anbietet. So liegen z.B. die meisten Hunde niemals mit gekreuzten Pfoten, während das Heben einer Pfote so ziemlich jeder Hund macht (da das ein Verhalten ist, das sich aus dem lebenswichtigen Milchtritt im Welpenalter entwickelt).

Tricks II: Eine etwas andere Form der Unterordnung

Vermutlich haben Sie Ihrem Hund bereits das beigebracht, was man so allgemein als Hundehalter mit dem Hund anstellt: an einer Seite von Ihnen zu laufen (wird meist mit »Bei Fuß« benannt), »Sitz«, »Platz«, vielleicht auch »Steh«, »Komm« (in der klassischen Hundeausbildung heißt das meist »Hier«), Letzteres wiederum verbunden mit

> **Tipp**
>
> **Allein unter Verwendung dieser wenigen Hörzeichen können Sie Übungen mit Ihrem Hund schon viel interessanter machen, indem Sie sie in neuen Varianten kombinieren, die sich vom typischen Hundeplatzschema abheben.**

dem so genannten »Vorsitz« (der Hund sitzt dicht genau vor Ihnen und schaut Sie an), eventuell auch noch verbunden mit der so genannten »Grundstellung« (der Hund sitzt eng an Ihrer linken Körperseite) und »Bleib« (der Hund muss sitzen oder liegen, Sie entfernen sich und holen ihn entweder ab oder rufen ihn zu sich heran).
Allein die Abrufübungen lassen sich so vielfältig variieren:

Beispiel 1:
»Hier« kennt man in der Regel so, dass der Hund in der Entfernung im »Platz« liegt, dann das Hörzeichen bekommt, schnell frontal angerannt kommt und sich vor seinen Menschen hinsetzt. Das können Sie ganz leicht variieren:
Sie rufen ihn ins »Vorsitz« aus verschiedenen Position:
– Hund sitzt/steht/liegt auf der rechten Körperseite
– Hund sitzt/steht/liegt auf der linken Körperseite
– Hund sitzt/steht/liegt in Front (nah bei oder weit entfernt)
– Hund sitzt/steht/liegt in Ihrem Rücken

Beispiel 2:
Sie rufen den Hund nicht ins »Vorsitz«, sondern er muss auf eine Körperseite gerannt kommen – je nach Vorgabe links oder rechts.

Beispiel 3:
Sie stehen nicht an einer Stelle, wenn Sie ihn rufen, sondern befinden sich in Bewegung, und der Hund muss sich in die Bewegung anschließen.

Beispiel 4:
Sie rufen den Hund, während Sie ihm sogar den Rücken zuwenden und sich von ihm entfernen.

Beispiel 5:
Sie rufen, lassen ihn aber nach einer kurzen Strecke mit »Sitz«, »Platz« oder »Steh« anhalten.

Eine weitere Variationsmöglichkeit ergibt sich, indem Sie ihm für jedes Hörzeichen ein gleichbedeutendes Handzeichen lehren, wie im vorherigen Kapitel schon beschrieben. Sie geben ihm sozusagen eine zweisprachige Erziehung.
Auch sollten Sie von der Fixierung auf nur eine Körperseite wegkommen: Trainieren Sie sowohl das Gehen an Ihrer linken, als auch an Ihrer rechten Seite. So ergibt sich nicht nur die Möglichkeit, ihn auf beiden Seiten zu führen, sondern Sie können Leinenführigkeit und Freifolge dadurch noch abwechslungsreicher machen, dass Sie Ihren Hund immer mal wieder zum Wechsel seiner Position auffordern.

Tricks III: Kunststücke ohne Hilfsmittel

Ebenfalls ohne irgendwelche Gerätschaften können Sie mit Ihrem Hund folgende Tricks einüben und praktizieren:

- »Schau«: Blickkontaktaufnahme
- »Slalom«: Der Hund läuft durch die Beine seines gehenden Menschen Slalom.
- »Acht«: Der Mensch steht mit gegrätschten Beinen da und der Hund läuft eine Acht durch die Beine.
- »Durch«: Der Mensch steht mit leicht gegrätschten Beinen, der Hund muss aus der Entfernung herangelaufen kommen und durch die Beine laufen – sowohl von vorn, als auch von hinten.
- »Wandern«: Der Hund ist zwischen den Oberschenkeln seines Menschen »eingeklemmt« und so laufen beide ein Stück geradeaus.
- »Nimm«: Leckerchen vor den Hund auf den Boden legen, er darf es erst auf das Hörzeichen nehmen.
- Erweitern der Übung: Je ein Leckerchen auf die beiden Vorderpfoten sowie zwischen die Vorderpfoten legen: »nimm rechts«, »nimm Mitte«, »nimm links«.
- »Rechtsum« und »linksum«: Hund dreht sich auf der Stelle um sich selbst.
- »Arm Hopp«: Mensch kniet auf dem Boden, kleiner Hund springt durch einen angewinkelten Arm, großer Hund springt über den angewinkelten Arm.
- »Rüber«: Mensch kniet auf dem Boden, Hund springt über ihn hinüber, kleine leichte Hunde können auf den Rücken springen.
- »Komm in meine Arme«: (kleiner) Hund springt in die ausgestreckten Arme.
- »Nimm sanft«: sich vom Hund ein Leckerchen aus dem Mund nehmen lassen. (Siehe Abb. Seite 71)
- »Fang«: Dem vorsitzenden Hund ein Leckerchen entgegenwerfen, das er fangen soll.
- »Bärchen«: Hund sitzt auf den Hinterläufen, Vorderpfoten in der Luft. Geht in der Regel nur mit kleinen Hunden und solchen mit eher kurzem Rücken.
- »Auf«: (Für große Hunde) Pfoten auf die Schultern des Menschen legen.
- »Groß werden«: Hund geht auf den Hinterläufen – nichts für große und schwere Hunde, Pudel dagegen können es fantastisch!
- »Rollen«: der liegende Hund rollt sich von einer Seite auf die andere. **Vorsicht: nicht mit vollem Magen und nicht mit Rassen, die zu Magendrehungen neigen.**
- »Schnapp«: Dem Hund wird ein Leckerchen auf die Nase gelegt, er muss den Kopf hochwerfen und das

Leckerchen dann auffangen. (Siehe Abb. Seite 72)
Nun werden Sie sich vielleicht sagen: Das sind ja ganz schöne Ideen – nur, wie um alles in der Welt bringe ich das meinem Hund bei?

Ich kann mich hier nur wiederholen: »Rollen« auf Befehl ist nicht mehr oder weniger schwierig zu lernen als »Bei Fuß« gehen auf Befehl.
Während Sie bei den Übungen, die unter »den Wortschatz erweitern«

Nimm sanft! Foto: Niepel

fallen, ein vom Hund aus bereits gezeigtes Verhalten einfach mit einem Wort kombinieren, erfordern die jetzt genannten Übungen, dass Sie sich kreativ überlegen, wie Sie Ihren Hund zuerst einmal dazu bringen könnten, z.B. im Slalom durch Ihre Beine zu laufen.

Des Rätsels Lösung ist relativ simpel: Sie brauchen ein Objekt, auf das der Hund scharf ist, und das Sie Ihrerseits so bewegen, dass der Hund, der diesem Objekt folgt, das tut, was Sie wollen – also z.B. Slalom durch Ihre Beine zu laufen. Und während er das tut, belegen Sie das mit dem entsprechen Wörtchen und belohnen ihn dann – nämlich mit dem Objekt, das er haben wollte.

Nun stellt sich natürlich die Frage, welches Objekt das denn sein soll. In der Regel empfehlen sich für die meisten Hunde Leckerchen.

»Schnapp«: Gleich fange ich an zu schielen. Foto: Niepel

Am besten nehmen Sie klein gewürfelten Käse oder (wenn er keinen Käse mag/nicht darf) klein gewürfelte Fleischwurst. Käse ist zu bevorzugen, weil der weniger Durst macht.

Es sollten keine harten Hundeleckerchen sein, weil der Hund sie auch in der Bewegung schnell vertilgen können sollte. Bei harten Leckerchen besteht immer die Gefahr, dass er sich verschluckt, dass Krümel zu Boden fallen und er in der Übung innehält, weil er die Krümel noch verputzen will. Wenn ein Hund zudem gewöhnt ist, im Alltag wirklich nur Hundefutter und Hundeleckerchen zu bekommen, wird er solche Menschenleckerlis wie Käse oder Fleischwurst besonders zu schätzen wissen.

Nun gibt es aber Hunde, die viel eher über Spiel als über Futter zu motivieren sind. Für ihre Beißwurst tun sie alles, köstliches Hühnchen spucken sie aus. Da empfiehlt es sich, mit dem Spielzeug als Anreiz zu arbeiten. Das Problem ist nur, dass gerade diese Hunde oft überdrehen und vor lauter Spielfreude oder Gier nach ihrem Spielzeug so wild hüpfen und sich einfach nicht konzentrieren können. Das Tunnellaufen durch die Beine z.B. geht mit einem Spielzeug, das man sich mit Schwung durch die Beine wirft, hervorragend, beim Rechtsum-Drehen auf der Stelle klappt es mit Spielzeug oft schon schlechter, weil der Hund gleichzeitig nach diesem schnappt.

Vielleicht werden Sie feststellen, dass er ausschließlich auf Leckerchen oder ausschließlich auf Spielzeug gut reagiert – dann arbeiten Sie eben nur damit. Oder Sie werden feststellen, dass sich für manche Übungen eher das eine, für andere das andere eignet – o.k., dann wechseln Sie eben.

Um die eben benannten Tricks durchführen zu können, müssen Sie natürlich bereits einiges an Vorarbeit geleistet haben. Wenn Ihr Hund z.B. das Liegen im Platz noch nicht beherrscht, werden Sie kaum mit der Übung Erfolg haben, dass er sich brav die auf seinen Pfoten liegenden Leckerchen anschaut, bis Sie ihm sagen, welche er in welcher Reihenfolge fressen darf.

Tricks IV: Tricks mit etwas Zubehör

Für die nachfolgenden Tricks brauchen Sie etwas an Zubehör, das Sie aber z.T. einfach aus Ihren normalen Haushaltsgegenständen zweckentfremden können, wie Plastikschüsseln und Plastikeimer. Was Sie auf den Fotos sehen, ist eine

Tipp

Mit welcher Form des Anreizes Sie arbeiten möchten, sollten Sie von den Leidenschaften Ihres Hundes abhängig machen: Auch ein absolut verfressener Hund kann sich nicht konzentrieren und wird bei manchen Übungen dann besser über ein Spielzeug gelotst.

kurz und bündig

Lassen Sie sich nicht von den Futter- oder Spielzeuggurus in der Hundeausbildung in Verwirrung bringen: Probieren Sie aus, was bei Ihrem Hund am besten klappt und handeln Sie entsprechend.

Zweckentfremdung ganz anderer Art: Hier ist Kindergartenzubehör umfunktioniert zu Hundespaßzubehör. Der Vorteil von Kinderspielzeug leuchtet schnell ein: robust, wetterfest, lange haltbar, geringe Verletzungsgefahr.

Mit Hilfe dieser Pömpel, Stangen und Reifen können Sie eine Menge an spaßigen Dingen mit Ihrem Hund ausprobieren. Die Stangen kann man sowohl in die Spitze des Pömpels einstecken, oder man kann sie in eines der drei in jede Pömpelseite gestanzten Löcher einführen, sodass man eine Minihürde erhält. Die in unterschiedlicher Größe erhältlichen Reifen können Sie entweder separat zum Durchspringen nehmen, oder aber auf zwei Pömpel aufstecken, sodass Sie eine »Reifenhürde« erhalten. Man kann sich also einen wunderschönen Sprung- und Geschicklichkeitsparcours bauen.

Aber man kann sie auch noch dazu benutzen, dem Hund andere Dinge beizubringen:

- ***Rückwärtslaufen von Ihnen weg: »Zurück«***

Sie bauen eine Gasse aus den Pömpeln, in denen die Stangen stecken. Die Breite der Gasse sollte ca. zehn Zentimeter breiter sein als Ihr Hund. Dann gehen Sie rückwärts in diese Gasse und locken den Hund zu sich, bis er selber gänzlich in der Gasse steht. Nun gehen Sie ihm entgegen, bedrängen ihn praktisch ein wenig. Vielleicht wird er anfangs seitlich auszubrechen versuchen, alle Pömpel umreißen, oder sich verwirrt hinsetzen – nicht aufgeben, nach einigen Wiederholungen kapiert er es. Während er so gezwungenermaßen rückwärts läuft, sagen Sie dazu: »Zurück«, und können noch eine begleitende Handbewegung machen – und Loben nicht vergessen.

• ***Rückwärtslaufen neben Ihnen her: »Rückwärts«***
Sie bauen wieder eine Gasse wie gerade beschrieben, locken Ihren Hund bis ans Ende der Gasse, stellen sich dann außerhalb der Gasse neben Ihren Hund und halten ihm ein Leckerchen vor die Nase. Nun gehen Sie selber parallel zu ihm rückwärts, die Leckerchenhand drückt etwas gegen seinen Fang. Beginnt er rückwärts zu laufen, sagen Sie »Rückwärts«.

• ***Zu Ihnen laufen ohne Vorsitz: »Zu mir«***
Sie bauen wieder die Gasse, stellen sich an den Anfang der Gasse mit

»Rückwärts«. Foto: Niepel

dem Gesicht zum Hund, gehen dann rückwärts und fordern mittels des Lockmittels Ihren Hund auf, ebenfalls durch die Gasse zu gehen, dabei sagen Sie »zu mir«.
Beherrscht er das »Zurück« und das «Zu mir«, kann man beide Übungen kombinieren: Sie fordern ihn erst mit »Zu mir« auf, auf Sie zuzugehen, dann heißt es »Zurück«, dann wieder »Zu mir« etc.

• ***In gerader Linie hinter Ihnen her laufen: »Folgen«***
Sie bauen wieder eine Gasse, stellen sich selbst an den Anfang der Gasse, halten Ihre Hände auf dem Rücken, darin befindet sich das Lockmittel für den Hund. Dann gehen Sie durch die Gasse, der Hund folgt Ihnen dicht auf den Fersen, Sie sagen dazu »Folgen«.
Natürlich können Sie sich eine Gasse aus allen möglichen Hilfsmitteln bauen – Hauptsache, sie stellen eine Begrenzung dar, über die der Hund nicht einfach wegspringen kann.

Die Stangen können Sie auch noch für andere Tricks gebrauchen:

»Kriechen«. Foto: Niepel

> **Rat**
>
> **Diese Kriechübung bitte nicht mit schweren oder gelenkkranken Hunden machen!**

• ***»Kriechen«***
Bei kleinen Hunden legen Sie die Stangen ins obere Loch der Pömpel, bei größeren Hunden legen Sie die Stangen auf irgendetwas auf – z.B. einen Eimer, sodass darunter ein Durchgang entsteht, den der Hund nur meistern kann, wenn er robbt. Sie legen den Hund vor der so gebauten Hürde ins »Platz« und ziehen vor seiner Nase ein köstliches Leckerchen dicht über den Boden unter der Stange hindurch. Wenn er anfängt zu robben, sagen Sie dazu »Kriechen«.

• ***»Hopp«***
Sie können die Stange waagerecht von sich weghalten und Ihren Hund auffordern, hinüberzuspringen, indem Sie etwas hinüberwerfen.

• ***»Umrunden«***
Sie können die Stange senkrecht vor sich auf den Boden stellen und Ihren Hund dazu bringen, die Stange von links oder rechts zu umrunden, indem Sie ein entsprechendes Reizobjekt um diese Stange in der jeweiligen Richtung herumführen. Mit Hilfe des Zubehörs können Sie sich einen Slalom bauen – den der Hund Stange für Stange durchwebt wie beim Agility. Oder Sie bauen sich Tore auf wie im Skilauf beim Riesenslalom und laufen im Zickzackkurs durch diese Tore. Oder Sie laufen nicht einfach nur durch die Tore, sondern halten in jedem Tor mit je einer anderen Position an, dann erst geht es weiter.

• ***»Ballett«***
Sie können aus den Stangen (oder einfach aus Besenstielen) für den Hund eine Art Riesenmikado auf den Boden legen. Der Hund hat die Aufgabe, sich da durch zu bewegen, ohne auf die Stangen zu treten – eine Übung, die sehr schön die Konzentration und das Körpergefühl fördert.

• ***»Voraus«***
Das Vorausschicken des Hundes in eine Richtung übt man zunächst immer mit einem gut sichtbaren Zeichen. Ich verwende gerne umgedreht gestellte hohe, blaue Plastikschüsseln oder blaue Eimer, die der Hund auch in höherem Gras gut erkennt (blau können Hunde gut wahrnehmen). Man beginnt zunächst nur mit einer Schüssel, auf die man Katzenfeuchtfutter legt. Sie gehen dann zusammen mit Ih-

rem angeleinten Hund zu der Schüssel, lassen ihn an der Köstlichkeit riechen, drehen um, rennen von der Schüssel weg, drehen dann um. Im Normalfall wird Ihr Hund dieses Herumdrehen begeistert begrüßen und in Richtung der Schüssel preschen. Sie halten sich dabei hinter ihm und sagen »Voraus«. Das machen Sie mehrfach hintereinander, wobei Sie die Strecke, die Sie mitlaufen, immer mehr reduzieren, bis Sie gar nicht mehr laufen, sondern ihn nur noch schicken.
Nach einigen Wiederholungen wird der Anblick der blauen Schüssel als Anreiz genügen, dorthin laufen zu wollen – es sei denn, Ihr Hund gehört zu den wenigen Exemplaren, die Katzenfeuchtfutter verschmähen – in dem Fall müssen Sie das auf die Schüssel legen, was Ihrem Hund am besten gefällt!
Ist Ihr Hund so heiß auf die blaue Schüssel, legen Sie ihn in fünf Metern Entfernung ab. Er muss zusehen, wie Sie etwas auf die Schüssel legen. Sie gehen dann zurück zu ihm und schicken ihn mit »Voraus« zu dieser Schüssel. Lässt sich Ihr Hund auf diese Weise gut in eine Richtung schicken, können Sie zum nächsten Schritt übergehen:

- ***»Detachieren oder Revieren«***

Das bedeutet, dass Ihr Hund nicht einfach geradeaus auf einen Punkt zuläuft, sondern dass Sie ihn kreuz und quer schicken können. Dies geschieht über deutliche Handzeichen und wird verbal z.B. mit »Lauf dort« angezeigt. Anfangs nimmt man zwei der blauen Schüsseln und steigert dann die Anzahl der Schüsseln sowie die Entfernung der Schüsseln voneinander. Man schickt den Hund dann durch eine sehr betont deutliche Körpersprache (nicht nur der Arm, sondern der ganze Oberkörper bewegt sich in die Richtung, in die der Hund soll) von Schüssel zu Schüssel. Anfangs ist es gut, wenn Helferpersonen bei den Schüsseln stehen, um den Hund daran zu hindern, eine Schüssel abzuräumen, obwohl das nicht die ist, zu der er eigentlich geschickt wurde. (Abb. rechts)
Solch eine Übung bedeutet natürlich nicht nur, dass der Hund begriffen hat, was er machen soll, sondern auch Gehorsam: nicht auf schnellstem Weg möglichst viele Schüsseln abzugrasen, sondern dies nur nach entsprechender Aufforderung.
Wenn diese Übungen gut klappen, baut man die deutlichen Hilfen über die Schüsseln ab und schickt den Hund in die angegebenen Richtungen, wo dann z.B. eine kleine Beißwurst als Belohnung liegt. Der nächste Schritt ist dann der, dass der Hund mehrfach von einer Rich-

»Lauf dort«. Foto: Niepel

tung in die nächste geschickt wird, ohne dass er bei jeder Richtungsänderung sofort eine Bestätigung vorfindet!

Die Anschaffung der vorgestellten Spielelemente, wie sie für Kindergärten im Fachhandel sind, empfiehlt sich zwar, weil sie so schön leicht, robust und variabel einsetzbar sind. Aber mit etwas Phantasie können Sie sich mit anderen Dingen, die Sie in Ihrem Haushalt vermutlich finden, auch behelfen: siehe Seite 80.

Beobachten Sie genau, was Ihrem Hund Spaß macht. Ist er ein begeisterter Springer und entsprechend gesund, verlegen Sie sich stärker auf Sprungübungen und lassen ihn mit Suchspielen in Ruhe, wenn er damit nichts anfangen kann. Ist Ihr Hund ein begeisterter Apportierer, der die klassische Unterordnung im Zeitlupentempo absolviert, verlegen Sie sich stärker auf Apportierübungen – ohne natürlich auf den notwendigen Grundgehorsam zu verzichten.

Was man so alles umfunktionieren kann

- Sie können Stühle als Hindernisse zum Drunterdurchkriechen nehmen.
- Sie können aus Eimern eine Laufgasse bauen.
- Sie können aus Besenstielen ein Stangenmikado am Boden auslegen.
- Sie können eine Leiter auf den Boden legen und Ihr Hund hat die Aufgabe, ähnlich wie beim Stangenmikado zwischen den Sprossen hindurch seinen Weg auf dem Boden entlang zu finden.
- Sie können eine Leiter etwas erhöht über dem Boden auf zwei feststehenden Böcken auf legen und Ihrem Hund zeigen, sich über die Sprossen hinweg vorwärts zu bewegen.
- Sie können einen ausgedienten Autoreifen zum Durchspringen nutzen.
- Aus einem Brett und einem kurzen Baumstamm können Sie sich eine niedrige Wippe bauen, die der Hund überwindet.
- Sie können die Hundedecke in eine Schubkarre legen und Ihren Hund darin einmal durch den Garten kutschieren.
- Kinderzelte mit Tunneln eignen sich, wenn Sie die Böden beschweren, ebenfalls für Hundeaktionen. Sie können sich z.B. im Zelt verstecken und vom Hund suchen lassen. Diese Übung können Sie noch erschweren, indem Sie den Reißverschluss zuziehen, sodass Ihr Hund nur zu Ihnen gelangen kann, wenn er durch die Tunnel kriecht (wobei dies für Hunde über 50 cm Schulterhöhe nicht mehr empfehlenswert ist).
- Die in Supermärkten zu kaufenden Plastiksandkästen für Kinder eignen sich auch als Planschbecken für Hunde – zwar nicht zum Schwimmen, aber doch zum Abkühlen oder zum Apportiertraining aus dem Wasser.

Die körperliche Konstitution schließlich ist ebenfalls von großer Bedeutung. Schwere Hunde sollte man nicht allein auf den Hinterläufen stehen oder laufen lassen, Hunde mit HD dürfen nicht kriechen, Hunde mit Herz-Kreislauf-Problemen kein Sprungtraining machen etc. Wenn man erst einmal angefangen hat, solche »Albernheiten« mit seinem Hund zu treiben, dann stellen sich neue Ideen häufig von selbst ein. Hat man gleich gesinnte Hundefreunde, so kann man sich Dinge ausdenken, die mehrere Hunde gemeinsam tun: ein großer Hund nimmt einen kleinen an die Leine, ein kleiner läuft unter dem großen durch, liegende Hunde bilden eine Kette, über die die anderen hinüberspringen müssen etc.

In der Fülle der genannten Beschäftigungsmöglichkeiten wird sicherlich auch etwas für Sie und Ihren

Umfunktionierte Leiter. Foto: Schmid

Hund dabei sein – probieren Sie es einfach aus. Sie haben gesehen, dass Sie entweder gar nichts an Zubehör benötigen, oder Dinge, die Sie aus Ihrem Haushalt zweckentfremden und umfunktionieren können. Was Sie benötigen, sind eher

Rat

Sehen Sie all diese Formen der Beschäftigungen als freudevolle gemeinsame Tätigkeit und setzen Sie sich nicht zum Ziel, dass Ihr Hund für eine Vorstellung vor Publikum Dinge aufführen soll. Da kommt dann nämlich sehr schnell eine Druckkomponente ins Spiel. Ihr eigener Ehrgeiz verstellt das eigentliche Ziel: dem Hund eine ihn befriedigende Aufgabe zu geben und die gegenseitige Bindung zu stärken.

Üben in der Gruppe macht Spaß! Foto: Niepel

bestimmte Eigenschaften und Einstellungen im Umgang mit dem Hund.

Nachdem ich Ihnen verschiedenste Beschäftigungsformen vorgestellt habe, die Sie im Alltag mit Ihrem Hund ausprobieren können, möchte ich Ihnen im abschließenden Kapitel einen kleinen Einblick in den »klassischen Hundesport« geben – sozusagen zum Einschnuppern.

kurz und bündig

Was Sie tatsächlich zur Beschäftigung mit Ihrem Hund brauchen:

- **Liebe zum Hund**
- **Einfühlungsvermögen**
- **Beobachtungsgabe**
- **Geduld**
- **Humor**
- **Kreativität**

V. Die Erziehung des alltagstauglichen Familienhundes

Vielleicht haben Sie für sich die Entscheidung getroffen, bei der Erziehung Ihres Hundes zum angenehmen Begleiter im Alltag Hilfe in Anspruch zu nehmen – sei es in Hundevereinen oder in Hundeschulen. Vielleicht haben Sie auch einfach nur Lust, mit anderen Hundehaltern zusammen etwas für die Erziehung des Hundes zu tun. Im dritten Kapitel ist deutlich geworden, wie wichtig beispielsweise Prägungsspieltage für Welpen sind und wie wichtig es ist, Hundekinder von Anfang an auf ihr Leben in unserem Alltag vorzubereiten. Wer schon viel Erfahrung mit Hunden hat, dem mag das einfach erscheinen; wer zum ersten Mal einen Hund hält oder bereits einige Probleme mit diesem hat, der ist vielleicht froh, fachkompetente Hilfe einzuholen.

Sieht man einmal von den Welpenspieltagen ab, so können Sie im Prinzip natürlich Ihren Hund ohne jegliche fremde Hilfe erziehen. Aber oftmals profitiert man doch ungemein von Ratschlägen und Tipps erfahrener Ausbilder – und vielen macht das gemeinsame Lernen mit anderen Hunden und deren Haltern mehr Spaß.

Es stellt sich also die Frage, an wen Sie sich wenden könnten.

Über Hundeschulen und Hundevereine

Das Vorhandensein einer Hundeschule bekommt man über das Branchenverzeichnis und über Werbeanzeigen in den großen Hundezeitschriften heraus. Um herauszufinden, welche Hundevereine es in der Nähe gibt, kann man sich an den Hundesport-Dachverband bzw. seine Unterorganisationen wenden.

Nur bleibt natürlich die Frage, wie man einen geeigneten Verein/eine gute Hundeschule erkennen kann.

In Hundevereinen bilden ehrenamtlich Tätige aus, die in der Regel keine langfristige Ausbildung zum Hundetrainer durchlaufen haben. Meist läuft es so, dass jemand, der Spaß an der Arbeit mit Hunden hat, sich breitschlagen lässt, nach erfolgreichen ersten Ausbildungsversuchen des eigenen Hundes nun ande-

Pro Hundeverein

- Hundevereine sind billiger.
- Im Hundeverein ist es eher wahrscheinlich, langfristig mit den gleichen Leuten zusammen zu sein, woraus sich dann Freundschaften oder einfach Geselligkeit ergeben kann.
- Hier steht oft die gemeinsame Freizeitgestaltung im Vordergrund.

Die Kehrseite liegt in den Verpflichtungen, die man meist eingeht, wenn man Mitglied in einem Verein wird.

Pro Hundeschule

- Hundeschulen bieten meist über einen klaren Zeitraum definierte Kurse an
- flexiblere Übungszeiten
- man kommt eher in den Genuss von Einzelbetreuung
- Keine weiteren Arbeitsverpflichtungen

Contra Hundeverein

- Zeitaufwand neben der eigentlichen Arbeit mit dem Hund:
  – Vereinsanlagen pflegen (Rasen mähen, Reparatur der Geräte etc.)
  – den berüchtigten Küchen- und Thekendienst ableisten (da als Bestandteil der Vereinskultur meist ein Vereinsheim vorhanden ist)
  – als Helfer eingesetzt zu werden bei Prüfungen, die der Verein ausrichtet
- Kehrseite der Geselligkeit: Tratsch und Mobbing

Contra Hundeschule

- teurer
- weniger Gelegenheit zu geselligem Beisammensein

ren Hundeleuten zu zeigen, wie das funktioniert. Erst in jüngster Zeit gibt es innerhalb der Hundesportorganisationen in Deutschland so genannte Sachkundenachweise. D.h., die ehrenamtlichen Trainer müssen zu einigen wenigen Wochenendschulungen gehen. Man bemüht sich um größere Sachkenntnis der Trainer; bislang sind die angebotenen Veranstaltungen letztlich aber nur ein Tropfen auf den heißen Stein.

Doch wer nun meint, sich aus diesem Grund besser an eine Hunde-

kurz und bündig

Das Vorhandensein eines Sachkundenachweises und gar die Funktion Ihres Trainers als »Ausbildungswart« in einem Verein ist leider keinesfalls automatisch gleichbedeutend mit guten Trainerqualitäten.

schule zu wenden, der muss enttäuscht werden. Es gibt keine staatlich anerkannte Ausbildung zum Hundetrainer. Jeder, der einen entsprechenden Gewerbeschein vorweisen kann, darf sich Hundetrainer nennen – egal welche Vorbildung er hat. Die Folge ist, dass es in der Szene natürlich geschäftstüchtige Leute gibt, die viel vom Geldverdienen, aber wenig von Hundeausbildung verstehen. Wer für sich die Entscheidung trifft, eine Ausbildung zum Hundetrainer zu machen, bevor er eine Hundeschule eröffnet, der wird feststellen, dass ihm sein guter Wille nichts nützt, da es kein solches Ausbildungsangebot gibt. Es liegt allein im Engagement jedes Hundeschulenbesitzers, sich ständig über Besuche von Seminarangeboten, Praktika bei erfahrenen Kollegen und dem Lesen der neuesten Literatur die nötigen Kenntnisse anzueignen. Fazit: Man kann sowohl im Hundeverein, als auch in der Hundeschule an völlig unfähige Ausbilder geraten. Und dann gibt es da noch die Trainer, die wirklich viel von Hunden verstehen, aber leider überhaupt nichts davon, wie man dieses Wissen den Menschen vermittelt.

Es bleibt Ihnen nichts anderes übrig, als sich in Ihrer Nähe sowohl in Hundevereinen als auch in Hundeschulen zunächst einmal – ohne Hund – umzusehen, um sich ein Bild zu verschaffen.

Doch woran erkennt man nun, ob ein Verein/eine Hundeschule qualitativ gut ist?

Pauschalisierungen sind natürlich immer schwierig, aber hier einige mögliche Anhaltspunkte, die für eine Hundeschule/einen Verein sprechen.

Achtung: Finger weg, wenn

- Sie Ihren Hund zur Ausbildung in Pension geben sollen;

- der Ausbilder den Besitzern den Hund während des Trainings ständig aus der Hand nimmt, um ihnen mal eben kurz zu zeigen, wie man es richtig macht;

- der Ausbilder grob mit den Hunden umgeht;

• der Ausbilder Ihnen versichert, jedes Problem schnell lösen zu können;

• der Ausbilder nicht willens oder nicht in der Lage ist, Ihnen zu erklären, warum er etwas so und nicht anders macht;

• der Ausbilder Teilnehmer anmeckert, wenn sie etwas falsch machen.

Was für den Verein / die Hundeschule spricht

• Die Ausbildung erfolgt hauptsächlich über positive Verstärkung, d.h., der Hund wird belohnt (über Spielzeug, Leckerchen, Streicheln), wenn er etwas richtig gemacht hat.

• Stachelhalsbänder, Würgehalsbänder und Teletakt sind tabu (Ausnahme für Letzteres: Korrektur von Jagdverhalten).

• Es wird mit Hunden aller Rassen und Mischlingen gearbeitet.

• Die Hunde dürfen auf dem Gelände miteinander frei spielen (sofern sie kein gestörtes Sozialverhalten haben).

• Es wird in Alltagssituationen geübt und nicht allein in der Abgeschiedenheit eines Übungsgeländes.

• Der Ausbilder ist freundlich und geduldig.

• Der Ausbilder zeigt in seinem Verhalten, dass er Hunde mag.

• Der Ausbilder erklärt das Warum und Wie eines Ausbildungsschrittes.

• Der Ausbilder antwortet auf Ihre Fragen ausführlich und geduldig.

• Der Ausbilder ist offen für Anregungen und Kritik und stellt sich selbst nicht als allwissend dar.

• Der Ausbilder geht auf jedes Mensch-Hund-Team individuell ein.

• Die Hunde betreten das Gelände schwanzwedelnd und in deutlich freudiger Erregung.

• Die Hunde zeigen in ihrem Verhalten dem Ausbilder gegenüber Freude und Vertrauen.

• Die Atmosphäre in einer (Menschen-)Gruppe ist von lockerer Gelassenheit statt bierernstem Leistungsdruck gekennzeichnet.

Die klassischen Hundesportarten

Vielleicht sind Sie durch Erziehungskurse in Vereinen auf den Geschmack gekommen und möchten eine der klassischen Hundesportarten betreiben. Im Rahmen dieses kleinen Bändchens, das Ihnen ja vor allem Anregungen für die Beschäftigung mit Ihrem Hund im Alltag geben soll, kann ich leider nur kurz auf jede Sportart eingehen.

Turnierhundesport: Fitness für Mensch und Hund

Beim Turnierhundesport geht es für Mensch und Hund wahrhaft sportlich zu, auch der Mensch braucht eine gute Kondition und sollte geschwind auf den Beinen sein. Zum Turnierhundesport gehören vier Disziplinen: Vierkampf, Hindernislauf, Geländelauf über zwei oder fünf Kilometer sowie ein so genannter Combinations-Speed-Cup. Man hat einen Hindernisparcours zu überwinden – besser gesagt: der Hund hat ihn zu überwinden, während sein Halter möglichst parallel mitläuft, über große Strecken joggt, gemeinsam durch abgesteckte Slalomtore läuft. Man sollte die Aufgabe möglichst schnell und möglichst fehlerfrei bewältigen. Der Turnierhundesport ist besonders auch dann eine schöne Beschäftigungsmöglichkeit, wenn mehrere Mitglieder der Familie gerne mit dem Hund arbeiten möchten. Durch die Familienwettbewerbe gibt es da einen besonderen Anreiz.

Auf das Training von Alltagssituationen kommt es an. Foto: Niepel

Agility: Hier ist auch Köpfchen gefragt

Beim Agility durchlaufen Mensch und Hund gemeinsam einen Parcours, der noch andere Hindernisse enthält als die aus dem Turnierhundesport bekannten. Dabei kommt es genauso darauf an, diesen mög-

Dynamisches Paar beim Slalomlauf.
Foto: Welz

lichst schnell zu bewältigen. Anders als im Turnierhundesport laufen Mensch und Hund nicht gemeinsam auf einer Höhe, sondern der Hund lernt, auf Hör- und Sichtzeichen hin sowie durch Körperdrehungen seines Menschen, Hindernisse selbstständig und in Entfernung von seinem Menschen zu nehmen.

Die besondere Herausforderung am Agility ist, dass ein Parcours immer anders gestellt wird, d.h. es gibt keine Routine im Ablauf der zu bewältigenden Hindernisse. Es wird auch nicht einfach geradeaus oder einmal im Kreis herum gelaufen, sondern kreuz und quer, wobei sich der Hund mal rechts und mal links von seinem Menschen befindet.

Das erfordert eine sehr gute Kommunikation zwischen Halter und Hund, schnelles Denken auf beiden Seiten sowie ein gehöriges Maß an Gehorsam des Hundes.

Obedience: Gehorsamserziehung für Anspruchsvolle

Obedience heißt übersetzt »Gehorsam« und ist eine in den fünfziger Jahren in Großbritannien entwickelte Hundesportart, die derzeit stark im Kommen ist, für die bislang jedoch noch kein einheitliches internationales Reglement besteht.

Obedience ernsthaft zu betreiben, bedeutet das Hinarbeiten auf äußerste Präzision.

Diese Sportart ist eine Mischung aus Übungen, die man aus der Ausbildung zum Begleithund oder zum Schutzhund kennt, die jedoch anders kombiniert werden und die ergänzt werden durch einige in unserem klassischen Hundesport unbekannte Übungen, wie z.B. dem Rückwärtsgehen des Hundes parallel zu seinem Menschen.

Der Unterschied liegt auch darin, dass man nicht durchgängig ein festgelegtes Schema läuft, sondern im Verlauf des Gehens Richteran-

weisungen erhält, welche Einzelübung als Nächstes zu zeigen ist.
In Deutschland noch relativ unbekannt ist das »Freestyle Obedience«, bei dem Mensch und Hund zu Musik tanzen und sozusagen eine Kür hinlegen, ähnlich wie bei einem Eiskunstlaufwettbewerb.

Fährtenarbeit: Gut für Individualisten

Im klassischen Hundesport gibt es die so genannte Gebrauchshundfährte. Sie ist zum einen Bestandteil bei der Schutzhundausbildung. Zum anderen gibt es die eigenständige Ausbildung zum Fährtenhund, die höhere Anforderungen stellt als die Schutzhundausbildung.
Die Aufgabe des Hundes besteht dabei darin, eine getretene Fährte mit tiefer Nase suchend konzentriert zu verfolgen, ohne sich von anderen Reizen und Gerüchen aus dem Konzept bringen zu lassen. Die Fährte verläuft nun nicht einfach geradeaus, sondern es werden Richtungswechsel, meist über scharfe 90°-Winkel, eingebaut. Auf dieser Fährte liegen Gegenstände, die der Hund anzeigen muss. Er darf also nicht drüberweg schnüffeln, sondern muss bei diesem Gegenstand verharren, bis sein Hundeführer bei ihm ist. Dieser nämlich befindet sich bei der gesamten Suche weit hinter seinem Hund, darf ihm also nicht zeigen, wo es langgeht.

Auf Perfektion kommt es an. Foto: Welz

Die Prüfungsstufen unterscheiden sich erstens hinsichtlich der Frage, wer die Fährte legt (ob der Halter selbst oder eine Fremdperson), zweitens hinsichtlich der Länge der Fährte, drittens hinsichtlich der Liegezeit der Fährte, viertens hinsichtlich der Anzahl der Winkel (und damit der Richtungswechsel), fünftens hinsichtlich des Vorhandenseins von Verleitungen und schließlich hinsichtlich der zu verweisenden Gegenstände.

Und nach der Arbeit das Vergnügen! Foto: Niepel

Schutzdienst: Königsdisziplin oder Beißschule?

Wer »Schutzdienst« hört, der denkt in der Regel an Hunde, welche Leute, die aussehen wie das Michelinmännchen, in den Arm beißen. Der Schutzdienst im Hundesport besteht aber aus drei Sparten, »Abteilungen« genannt: der Fährtenarbeit, der so genannten »Unterordnung« und dem eigentlichen Schutzdienst. Es gibt drei Prüfungsklassen, die sich im Schwierigkeitsgrad in jeder der drei Abteilungen unterscheiden. Die Anforderungen für die Fährtenarbeit wurden im vorausgegangenen Kapitel bereits geschildert.

Der Bestandteil ***Unterordnung*** ist als allgemeine Gehorsamsübung zu bezeichnen, wie man sie aus der Begleithundprüfung kennt, und die um das Voraussenden und das Apportieren ergänzt wird.

Im eigentlichen ***Schutzdienst*** schließlich muss der Hund zunächst Verstecke nach dem so genannten »Helfer« absuchen. Hat er ihn gefunden, muss er ihn verbellen und so lange bewachen, bis sein Hundeführer beim Versteck angelangt ist. Er darf den Helfer dabei keinesfalls packen und festhalten oder gar beißen. Alsdann wird der Helfer abtransportiert, wobei der Hund eng bei Fuß geht und den Helfer im Blick hat. Dann kommt es zum »Überfall«, d.h. der Helfer greift Hundeführer und Hund an, worauf der Hund den Helfer am Arm packen und festhalten muss – und nicht loslassen darf, obwohl ihm der Helfer zwei Stockschläge verpasst. Bei der zweiten Form des Überfalls befindet sich der Helfer in Entfernung von Hundeführer und Hund. Der Hundeführer schickt seinen Hund zu der Person, die er sofort am Arm zu packen und festzuhalten hat. Nach kurzem Bedrängen ergibt sich der Helfer, dann hat der Hund selbstständig abzulassen, bzw. auf ein von seinem Hundeführer gegebenes Zeichen.

Es gibt nun hitzige Diskussionen pro und contra Schutzdienst. Befürworter sagen, dass er erstens ein absolutes Gehorsamstraining bedeute, und gut ausgebildete Schutzhunde daher letztlich wesentlich gehorsamer und damit auch ungefährlicher seien als jeder einfache Familienhund. Zweitens weisen sie darauf hin, dass man dem Hund so eine Möglichkeit biete, sich seinen Veranlagungen entsprechend austoben zu können, was besonders für die Rassen wichtig sei, die ursprünglich zu Bewachungs- und Schutzzwecken gezüchtet worden sind. Gegner kritisieren, dass der Schutzdienst erstens die Aggressionsbereitschaft des Hundes steigere und zweitens seine Hemmung, einen Menschen anzugreifen, abbaue.

Um für sich zu bewerten, ob Sie Schutzdienst mit Ihrem Hund betreiben möchten, sollten Sie daneben zwei Dinge mit berücksichtigen:

Schutzdienstausbildung geht leider auch heute noch auf vielen Hundeplätzen einher mit Starkzwangmethoden wie das Hineinrennenlassen in ein Stachelhalsband und den dummen Einsatz von Teletaktgeräten (in der Schweiz verboten), also Geräten, die dem Hund Stromschläge verpassen – lassen Sie die Finger davon!

Es gibt heute viele Hundebesitzer, die ihren Hund über positive Lernmethoden und über Ausnutzung des Beutetriebs zum Schutzhund ausbilden, auf die alten harten Mittel verzichten und so Hunde führen, die selbstsicher und triebstark um ihre »Beute« kämpfen und dabei durch ihren absoluten, aber freudigen Gehorsam überzeugen – von dem die meisten »Nur-Familienhunde« nur träumen können (bzw. deren Halter!).

Doch der einfache Familienhundbesitzer, der seinem Hund diese Art der Beschäftigung bieten möchte,

Rettungshunde im Einsatz. Foto: Niepel

kann übel hereinfallen, wenn er an die falschen Ausbilder gerät – und diese Gefahr ist im Schutzdienstbereich größer als in anderen Sportarten.

Ferner sollte nicht verkannt werden, dass man tatsächlich durch den Schutzdienst Hunde zu unkontrollierbaren Beißern machen kann, wenn man mit dem falschen Hund arbeitet und dann auch noch zu falschen Methoden greift.

Bei einem von seiner Veranlagung her angstaggressiven Hund, bei dem über den Wehrtrieb unter Einsatz von harten Mitteln gearbeitet wird (was nichts anderes heißt, als so lange auf ihn einzuprügeln, bis er nach vorne kommt, um sich zu wehren!), besteht die große Gefahr, dass dieser auch im Alltag »kippt«, also fremde Menschen als potentielle Angriffsobjekte sieht und somit gefährlich wird.

Rettungshundearbeit: Mehr als Hunde»sport«

Wer mit seinem Hund in Deutschland Rettungshundearbeit machen will, muss sich darüber klar sein, dass er damit keinen Hundesport betreibt, sondern seinen Hund gezielt auf einen Ernsteinsatz vorbereitet. Die Ausbildung erfolgt nicht wie die anderen genannten Hundesportarten in Vereinen, sondern in so genannten Rettungshundestaffeln unter verschiedenen Dachverbänden.

Es gibt zwei verschiedene Hauptausbildungsrichtungen: Trümmersuche und Flächensuche. Ein Hund kann sowohl für beides ausgebildet werden, als auch nur für eine der beiden Sparten.

Bei Ersterer wird der Hund bei der Suche in Trümmern, die sich nach Explosionen, Erdbeben, Hurrikans, Unfällen ergeben, eingesetzt. Bei Letzterer wird er in freiem Gelände eingesetzt, wenn z.B. Personen vermisst werden. Schließlich gibt es noch die Ausbildung zur Wasserrettung und zum Lawinensuchhund. Hunde, die einmal eine Prüfung – in welcher der beiden Sparten auch immer – abgelegt haben, müssen diese jährlich wiederholen.

Das Ziel der Ausbildung besteht darin, dass der Hund in der ihm angewiesenen Richtung gezielt nach Menschen suchen und bei Auffindung einer Person eine »Anzeige« machen soll.

Aber es wird nicht nur der Hund ausgebildet, bzw. der Mensch in der Führung seines Hundes, sondern daneben muss der Hundeführer sich Kenntnisse erwerben in: Erste Hilfe bei Mensch und Hund, Bergung von Verunglückten, Karte/Kompass lesen, Verständigung über Funk, über klimatische Einflüsse auf Gerüche (Wetterkunde), mögliches Verhalten vermisster Personen (bei Flächensuche), Trümmerkunde (bei Trümmersuche).

Hundesport: Ja oder nein?

Sie haben gesehen, dass es die vielfältigsten Ausbildungen im Bereich des Hundesports gibt. Prüfungsangst und eine Ablehnung von Ehrgeiz und Leistungsdenken muss

Pack die Badehose ein...! Foto: Niepel

nicht zwangsläufig zum Verzicht auf Hundesport führen. Bei immer mehr Vereinen setzt sich die Erkenntnis durch, dass viele Menschen eben einfach »nur« nach einer gemeinsamen, sinnvollen Beschäftigung suchen, ohne Pokale im Kopf zu haben. Und so geht der Trend hin zu getrennten Angeboten: jene für die »Nur-Familienhunde« und jene für die Wettkampfsportler. Letztlich kommt es auf zwei Hauptkriterien an: Was macht Ihnen und Ihrem Hund gemeinsam Spaß und wo finden Sie einen Anbieter, bei dem man vernünftige Ausbildungsanleitungen erfährt?

Schlusswort

Mit diesem kleinen Buch habe ich Ihnen zum einen deutlich machen wollen, warum unsere Hunde es brauchen, dass wir uns aktiv mit ihnen beschäftigen. Und zum anderen wollte ich Ihnen Anregungen geben, wie schöne Beschäftigungsmöglichkeiten aussehen könnten. Ich hoffe, ich habe bei Ihnen die Lust dazu geweckt und wünsche Ihnen und Ihrem Hund viel Freude und Spaß.

Die Ruhe nach dem Sturm. Foto: Niepel

Bücher, die weiterhelfen:

Bloch, Günther (1997):
Der Wolf im Hundepelz. Hundeerziehung aus einer anderen Perspektive. Bad Münstereifel

Fisher, John:
Vom Strolch zum Freund –
Das ABC für Problemhunde. Cham

Fogle, Bruce (1994):
Hunde richtig erziehen. München

Hoefs, Nicole/Führmann, Petra (1999):
Das Kosmos Erziehungsprogramm für Hunde. Stuttgart

Kerl, Susanne (1999):
Hunde kaufen mit Verstand. Cham

Koslowski, Sabine (1999):
Schweizer Sennenhunde. Reutlingen

Lind, Ekard (1996):
Richtig spielen mit Hunden. Augsburg

Neville, Peter (1992): Versteh deinen Hund. Cham

Niepel, Gabriele (1999):
Unser Welpe kommt. Hannover

Steiner, Astrid (1995):
Agility. Sport und Spaß mit Hunden. Cham

Trumler, Eberhard (1974):
Hunde ernst genommen. München

Wegmann, Angela/ Heines, Wilfried (1997):
Such und hilf! Mürlenbach

Weidt, Heinz/Berlowitz, Dina:
Spielend vom Welpen zum Hund. Augsburg

Weidt, Heinz/Berlowitz, Dina (1998):
Das Wesen des Hundes. Verhaltenskunde für eine harmonische Beziehung zwischen Mensch und Hund. Augsburg

White, Angela:
Glückliche Hunde ... glückliche Gewinner. Engl. Original von 1994: Happy dogs, happy winners. The complete manual for competition Obedience. Deutsche Übersetzung von Birgit Laser

Zimen, Erik (1993): Der Hund. München

Nützliche Adressen

Wenn Sie entweder Informationen über bestimmte Rassen und/oder Verzeichnisse von Hundesportvereinen bekommen möchten, wenden Sie sich am besten an die nationalen Dachverbände, die sowohl das Zuchtwesen, als auch das Hundesportwesen betreuen.

Deutschland
Verband für das Deutsche Hundewesen e.V. (VDH) Westfalendamm 174, D-44141 Dortmund

Deutscher Hundesportverband (dhv).e.V.
Gustav-Sybrecht-Str. 42, D-44536 Lünen

Österreich
Österreichischer Kynologenverband (ÖKV)
Johann-Teufel-Gasse 8, A-1238 Wien

Schweiz
Schweizerische Kynologische Gesellschaft (SKG)
Länggassstr. 8, Postfach 8217, CH-3001 Bern

Wenn Sie nach Hundeschulen bzw. Hundezubehör suchen, ist es eine Möglichkeit, im Anzeigenteil der führenden Hundefachzeitschriften nachzulesen. Aber Vorsicht: Auch diese garantieren nicht die Seriosität eines Anbieters.

Unabhängige kynologische Zeitschriften:

- Der Hund (Schwerpunkt Rassehunde)
- Hunderevue (Schwerpunkt Rassehunde)
- Mein Hund (Schwerpunkt Mischlinge/Tierschutz)

Kynologische Verbandszeitschriften:

- Unser Rassehund
  Offizielles Organ des Verbandes für das Deutsche Hundewesen
- Unsere Hunde
  Offizielles Organ des Österreichischen Kynologenverbandes
- HUNDE
  Offizielles Organ der Schweizerischen Kynologischen Gesellschaft
- dhv-Hundesport
  Offizielles Organ des Deutschen Hundesportverbandes